KB242834

동성애를 말하다

동 성 애 를 말 하 다

구원론의
관점에서

강학종

베드로서원

차례

추천사

신자의 삶의 표준인 성경은 최고의 베스트셀러이면서도 낮은 완독률과 해석의 왜곡이라는 아픔이 있다. 이런 세태 속에서 강학종 목사님은 내가 '집필봇'이라 부를 정도로 눈 깜짝할 사이에 차기작을 출산해 내는 분이다. 그가 단순 작가가 아닌 목사인 것이 모든 교계와 잠재적 신자들에게 큰 행운이 아닐 수 없다. 다작 속에서도 가독성 높은 글을 통해 성경 구석구석의 오해로부터 독자들을 구조하고 있으니 말이다. 무릇 신앙 속에서 궁금한 영역이 생기면 강학종 목사님의 차기작이 될 것이다. 그런 점에서 "강학종 목사님은 기독교 출판 무형문화재로 등재되어야 한다"라고 말하고 싶을 정도다.

이번에는 교계의 뜨거운 감자인 동성애에 대해서 일필휘지를 시전하셨다. 모두 조심스러워 입을 닫거나, 날 선 비난만을 쏟아내는 민감한 사안 앞에서 사적인 감정이나 시대의 유행에 휘둘릴 수만은 없지 않은가? 알쏭달쏭한 신학적 논쟁과 진영 논리에 지친 분들이라면 이 책을 펼치기 바란다. 성경의 본질을 꿰뚫는 논리가 동성애를 둘러싼 혼란스러운 안개를 걷어내 주는 쾌감과 함께 성숙한 신자로서의 옷깃을 여미게 할 것이다. 그리고 책을 다 읽은 분께는 그 옛날 아담이 "이는 내 뼈 중의 뼈요, 살 중의 살이라"라고 했던 고백이 신랑 되신 그리스도의 고백이 되어 동성애라는 거친 파도 속에서도 신부 된 교회에 변치 않는 울림과 명확한 기준을 제시해 줄 것이다.

분당중앙교회 권사 김주연

동성애자의 숫자가 만만치 않다. 이웃 사랑과 맞물려 성소수자란 그럴듯한 언어로 포장된 그들을 비호하는 세력과 원칙을 강변하는 다수의 음성이 한 치의

양보 없이 팽팽하게 대치한 상황이다. 강학종 목사님은 책의 서문을 통해 이럴 때일수록 성경이 답이라고 단언한다. 피조물끼리의 왈가왈부로는 길을 찾을 수 없다는 것이다. “아내들이여 자기 남편에게 복종하기를 주께 하듯 하라”, “남편들아 아내 사랑하기를 그리스도께서 교회를 사랑하시고 그 교회를 위하여 자신을 주심같이 하라”라는 말씀 속에 모든 비밀이 담겨 있다. 이 말씀을 근거로, 결혼하는 청년에게 주변에서 늘 듣는 익숙한 축하 대신 예수 잘 믿으라고 권면했던 분이 바로 강학종 목사님이다. “혼인의 요체는 행복이 아니라 거룩이다”라는 그의 주장에 누가 토를 달 수 있을까? 성(性)에 대한 성경적 정체성이 무너진 것은 어제오늘의 일이 아니다. 과거에도 그랬고 지금도 그렇고 앞으로도 그럴 것이다. 그렇다고 해서 그런 세태를 묵인할 수는 없다. 강학종 목사님은 그것을 지적하고 싶어 했다. 그 대목에서 목회자의 바른 양심이 보여서 울컥했다. 결혼은 단순한 짝짓기나 쾌락만을 위한 관계가 아니다. 신랑인 그리스도와 신부인 교회의 관계다. 신랑, 신부의 합일을 통해서 그 관계 안에 담긴 비밀을 알아야 하고, 그 신비로움을 누려야 한다. 그리스도 외에는 천하에 구원을 받을 만한 다른 이름이 없듯이, 천하에 부부간의 관계 외에는 그 어떤 관계도 용인되지 않는다는 것이 성경의 가르침이다. 어렴풋이 알았던 결혼의 참 의미를 이제야 제대로 배운 느낌이다. 부끄럽기보다는 다행이라는 생각이 더 강하게 들었다. 이제는 온 교회로의 확산만 남았다. 모든 목회자들이 먼저 읽고 성도들과 진지하게 나눴으면 좋겠다. 이 책으로 인해 영적으로 무너진 한국 교회에 성(性)에 대한 신앙적 정체성이 공고히 세워지길 간절히 소망한다. 강추!!

조안교회 집사 박두용

정확히 33년 전 3월의 어느 날, 광나루신학교 종합관 301호실 교탁 바로 앞자리에 신학생 치고는 이상한 두 사람이 앉아 있었다. 교탁 바로 앞의 나도 꽤 이상한 축에 속하긴 했는데 바로 왼쪽에 있는 강학종 목사님의 포스에는 못 미쳤다고 단언한다. 검은 양복을 입은 강학종 목사님의 첫인상은 ‘탈북해서 하나원 과정을 막 마친 북한 보위부원’ 같았다. 그것이 우리의 첫 만남이었다. 그리고 인생사를 나누며 살아온 기간이 33년이니, 강학종 목사님은 내 인생의 꼭 절반을 함께한 분이다.

강학종 목사님의 글을 읽다 보면 항상 무릎이나 이마가 아프다. 글을 읽는 중간중간 뜻밖의 기쁨에 무릎을 치거나 이마를 치기 때문이다. 비단 〈동성애를 말하다〉뿐 아니라 지금까지 저술한 모든 책이 그랬다. 이 책만 해도 동성애에 관한 내용에 감탄하다 보면 동성애와 별 관계없어 보이는 내용들까지 어느새 머릿속에 차분하게 정리된 것을 느끼게 된다. 최근 핫한 일타 강사 정승재 씨의 원주율 이야기를 통해 수학적인 재미를 맛보는 것처럼, 우리말이지만 한 번도 써본 적이 없는 '알짬'이나 '주억거리다' 같은 말의 쓰임새도 알게 되고, 영어 secret와 mystery의 차이도 알게 된다. 본인은 문장력의 빈곤을 느낀다지만 그 말은 오히려 우리한테 그러함을 느끼라고 넌지시 내려놓는 핀잔 조각 같다.

성경은 동성애를 너무나 분명하게 금하고 있지만 이것을 다루려면 아주 대담한 결심을 해야 하는 것이 오늘날의 현실이다. 동성애를 언급하는 순간 거대한 안티 세력을 마주해야 하기 때문이다. 이런 흐름을 잘 알기에 강학종 목사님이 이 책을 얘기했을 적에 걱정되는 바가 없지 않았지만 용기를 내어 이 민감한 주제를 다룬다는 사실이 너무도 고마웠다. 그리고 원고를 읽어 보니 아주 적절하게 성경에 근거한 답을 제시하고 있음을 확인할 수 있었다. 원고를 다 읽은 후의 느낌은 이 책이 꼭 동성애에 제한해서만 말하고 있지 않다는 것이었다. 읽고 나면 동성애에 관하여 아주 확실한 성경적 근거가 정립되지만, 동시에 구원론도 확실해지고, 덤으로 일반 상식도 풍부해진다. 사실 이런 수확은 강학종 목사님의 모든 저서에서 동일하게 얻어지는 것인데, 이 책은 더더욱 그런 느낌이 강하다고 할 수 있다. 특히 결혼을 앞둔 분이라면 책의 앞부분에 나온 결혼에 관한 부분을, 갈등을 겪는 부부라면 뒷부분의 남편과 아내의 섬김의 자세 부분을 꼭 읽어보라고 권하고 싶다.

마지막으로 덧붙이면, 오늘날 신학은 성서신학, 조직신학, 역사신학 등 여러 분야로 나뉘어 있다. 강학종 목사님은 이 모든 분야를 아우르면서도, 어떤 분야에도 함몰되지 않은 것 같다. 그래서 나는 강학종 목사님의 신학을 생활신학이라고 분류하고 싶고, 강학종 목사님을 생활신학자로 칭하고 싶다. 그의 신학적 사고에는 그의 생활이 강하게 들어 있고, 주변의 모든 삶의 이야기들이 다 그의 신학과 저술 속에 녹아 있기 때문이다. 모쪼록 독자들께서 이 책을 통해서 함부로 말하기 어려운 동성애 이슈에 대해 확실한 기독교적 답안을 마련하시기를 바라고, 덤으로 소위 알쓸신잡류의 소소한 지식도 같이 누렸으면 좋겠다.

철암교회 목사 송인도

인터넷 쇼츠 영상에서 허름한 차림의 한 남성이 무거운 바벨을 아무렇지 않게 들어 올리는 장면을 본 적이 있다. 겉모습은 평범했지만 그 안에 감추어진 힘은 결코 평범하지 않았다. 강학종 목사가 나한테는 꼭 그렇다. 난해한 본문도 쉽고 명쾌하게 풀어내는 은사가 아주 탁월하다.

강학종 목사의 책을 처음 접했을 때 들었던 생각은 오직 한 가지였다. "어떻게 하면 성경을 이렇게 명료하게 설명할 수 있을까?" 강해 설교에 관심 있는 독자라면 그의 책을 통해 성경을 보는 눈이 더욱 또렷해지는 경험을 하게 될 것이다. 반복해서 읽게 하는 힘 또한 그의 책이 지닌 특징이다.

〈동성애를 말하다〉 역시 그런 저자의 성경적 통찰이 깊이 담긴 책이다. 이 책은 이념적 주장이나 감정적 논쟁에 기대지 않는다. 대신 성경 본문이 말하는 바를 차분히 따라가며 동성애라는 주제를 다룬다. 책의 전개는 잘 구성된 한 편의 설교처럼 자연스럽다. 세상의 풍조와 그 안에 드러난 병폐를 짚어내고, 결혼에 담긴 구원의 의미와 신비를 성경에 근거해서 풀어낸다. 이어 부부 관계의 비밀을 통해서 그리스도와 교회의 관계를 조명하면서, 동성애 문제를 단순한 사회적 논쟁이 아니라 구원과 성화의 문제로 확장한다. 독자는 이러한 흐름 속에서 동성애를 바라보는 성경적 관점을 깊이 있게 이해하게 된다. 특히 인상적인 점은 저자가 이 문제를 특정 집단의 이슈로 한정하지 않고, 모든 성도가 점검해야 할 영적 질문으로 이끈다는 데 있다. 우리는 단지 죄를 짓지 않는 데 머무르는 존재가 아니라 날마다 주님을 닮아가야 하는 사람들이다. 이러한 메시지는 독자로 하여금 자신을 돌아보게 하고, 신앙의 본질을 다시 붙들게 한다. 또한 사도 바울의 '육체의 가시'와 연결하여 고통과 연약함 속에서 역사하시는 하나님의 은혜를 조명하는 부분은 신학적 통찰과 목회적 배려를 동시에 보여준다. 이 책은 동성애라는 주제를 넘어, 성경이 말하는 결혼과 구원의 신비, 그리고 부부 관계 속에 담긴 그리스도와 교회의 의미를 새롭게 생각하게 한다. 독자들은 이 책을 통해 성경의 진리를 차분히 음미하며, 자신의 신앙을 성찰하는 시간을 갖게 될 것이다. 아름다운 결혼, 건강한 부부, 성경적인 가정을 지향하는 모든 분들에게 이 책을 적극 추천한다.

충만한교회 목사 이병철

 　　　　　　　　　　　　　　　　　　동성애를 말하다

얼마 전, 모처럼 가족들과 외식을 했다. 메뉴가 굴 보쌈이었는데 반찬으로 당근과 오이가 나왔다. 당근과 오이를 같이 먹으면 당근이 오이의 비타민C를 파괴하기 때문에 한 가지만 먹으라고 했다가 타박만 받았다. 이런 자리에서 꼭 그런 얘기를 해야 하느냐는 말도 들었고, 얼마나 오래 살려고 그러느냐는 말도 들었다. 〈동성애를 말하다〉를 읽으며 그 생각을 했다. 참으로 얘기하기가 힘든 주제다. 굳이 이런 책을 써야 했을까 하는 생각도 들었다. 그러나 건강 전도사라고 불리는 내가 오이와 당근의 부조화를 말하는 것처럼 강학종 목사는 저자이기 이전에 바른 말씀을 전해야 할 목회자로 마음이 불붙는 것 같은 사명으로 책을 썼을 것이다.

나는 제과를 20년 가까이 한 제과인(製菓人)이다. 〈동성애를 말하다〉를 읽으며 발효와 부패를 생각했다. 미생물이 유기물을 분해하여 에너지를 얻는 과정이라는 점에서 동일한 원리지만 온도, 습도, 공기 등이 제대로 통제되는지 여부로 발효와 부패가 나뉜다. 발효는 우리에게 유익하지만 부패는 오히려 해로운 것은 불문가지다. 마찬가지다. 하나님이 정해 주신 성관계가 아니라면 동성애를 비롯한 모든 것들이 다 죄에 속한다. 요즘은 트랜스젠더가 TV에 나와 인기를 끄는 시대다. 교회 아이들도 쉽게 동성애를 말한다. 그런 현실 속에서 〈동성애를 말하다〉가 얼마나 많은 독자의 손에 쥐어질지 은근히 걱정이 된다. 그럼에도 불구하고 이 책 〈동성애를 말하다〉가 여러 사람들의 손에 들어갈 수 있게 기도와 손의 수고를 해야 하겠다고 생각한다. 그만큼 불편해도 알아야 하는 내용이기 때문이다. 사탄은 지금도 가정 붕괴와 교회 무력화를 위해 열심을 내고 있다. 강학종 목사의 〈동성애를 말하다〉는 그 사탄의 열심에 맞서 싸울 우리의 도구가 될 수 있겠다고 생각하며 학생, 청년들 모두 구독했으면 하는 간절한 마음을 전한다.

갈보리사랑의교회 장로 이재선

오늘날 '사랑'은 가벼운 유희가 되었고, '성'은 단순한 배설 도구로 전락했습니다. 저자 강학종 목사님은 이 혼돈의 정점에서 〈동성애를 말하다〉를 통해 우리 시대가 잃어버린 가장 고귀한 설계도를 펼쳐 보입니다.

이 책은 단순히 동성애를 비판하는 논쟁서가 아닙니다. 저자는 "성관계의 주 목적은 즐거움을 얻는 데 있지 않고 주는 데 있다"라는 파격적이고도 성경적인 선언을 던집니다. 팔짱 한 번 끼는 것이 인생의 사건이었던 순수의 시대를 지나, 이제는 아무런 의미 없는 신체 접촉이 일상이 된 세태 속에서, 저자는 성(性)이야말로 "나는 온전히, 영원히, 그리고 오로지 당신의 것입니다"라고 고백하는 거룩한 '언약 갱신'의 현장임을 치밀하게 증명해냅니다.

특히 동성애 문제를 인권이나 취향의 프레임이 아닌, 그리스도와 교회의 연합이라는 구원의 신비를 파괴하는 본질적인 왜곡으로 규명한 대목은 압권입니다. 부부의 한 몸 됨이 어떻게 하나님의 통치와 거룩을 예표하는지, 그 '알천' 같은 진리를 이토록 명쾌하게 꿰뚫은 목회적 통찰은 근래 보기 드문 수작입니다.

이 책은, 목회자와 성도들에게 가장 강력한 영적 무기가 될 것입니다. 진리의 사수와 시대적 사명 사이에서 고민하는 모든 그리스도인에게 이 귀한 저작을 기쁜 마음으로 추천합니다.

흰여울교회 목사 정민교(AL Ministry 대표, 『빛 가운데로 걸어가면』 저자)

평소 강학종 목사님의 책을 신뢰하며 읽어 온 독자로서, 〈동성애를 말하다〉의 추천사를 부탁받은 것을 감사하게 생각한다. 동성애라는 주제는 더 이상 먼 이야기가 아니다. 특히 자녀를 둔 부모라면 피할 수 없이 마주하게 되는 현실적인 문제다. 아무리 가르쳐도 충분하지 않은 마음이 들고, 세상의 흐름이 너무 빠르게 바뀌는 것을 보며 고민하게 된다. 아이들이 동성애를 자연스럽게 받아들이지는 않을지 염려되는 것도 사실이다.

이 책은 하나님의 창조 질서라는 분명한 기준 위에서 성의 본질을 설명하며, 왜 동성 간의 성적 관계가 하나님의 뜻과 질서에서 벗어나는지 성경적으로 짚어 준다. 남녀의 성이 지닌 의미와 아름다움, 그리고 그것이 개인의 선택을 넘어 신앙과 공동체의 질서와 연결되어 있음을 알게 되면서 내 안의 생각이 분명히 정리되었다. 막연한 비난이 아니라 창조의 목적과 방향 안에서 옳고 그름을 분별하도록 돕는다는 점이 이 책의 분명한 강점이다.

기준이 흐려진 시대일수록 더욱 분명한 토대가 필요하다. 이 책은 동성애에 대한 막연한 두려움과 걱정에 머무르지 않고, 성경에 근거한 이해와 판단을 돕는다. 자녀 세대를 온전하게 세워 가고자 하는 부모와 그리스도인들에게 실제적인 방향을 제시해 주는 책이라 생각하며 기쁜 마음으로 추천한다.

예수능력교회 집사 한지연(틴매니아 청소년캠프 예배팀장)

머리말

지난 1980년대 초, AIDS가 처음 발견되었을 때 전 세계가 충격과 공포에 빠졌습니다. 치료 방법이 없는 불치병으로 알려졌으니 그럴 수밖에 없습니다. 최초로 발견된 곳이 미국의 동성애자 집단이었기 때문에 동성애가 AIDS의 원인으로 오해되기도 했습니다. 동성애에 대한 천벌이 AIDS로 나타났다는 것입니다. 동성애자의 입지가 좁아질 수밖에 없었습니다.

지금은 상황이 달라졌습니다. 동성애는 HIV 바이러스 때문에 생긴다는 사실이 밝혀졌습니다. 동성애자들이 AIDS의 굴레에서 벗어난 것입니다. 동성애자들의 커밍아웃이 그만큼 활발해졌고, 동성애자를 보는 눈도 전보다 많이 부드러워졌습니다. 서울 한복판에서 퀴어 축제가 열리기도 합니다. 심지어 사랑은 혐오보다 강하다는 그들의 구호는 설득력이 있을 것 같기도 합니다.

그러면 우리는 무엇을 해야 할까요? 〈래디컬〉의 저자 데이비드 플랫(David Platt, 1978-) 목사는 동성애에 대한 성경적 입장이 복음 그 자체라고 했습니다. 동성애가 사회적인 흐름이라고 핑계 대지 말고 복음으로 길을 내라는 것입니다. 당연한 얘기입니다. 어차피 이 세상의 물줄기는 하나님 반대쪽으로 흐르고 있습니다. 이 세상 마지막이 구원이 아니고 심판이니 그럴 수밖에 없습니다. 하지만 우리는 세상이 본래 그렇다는 푸념이나 하려고 부름 받은 사람들이 아닙니다. 거침없어 보이는 이 세상 흐름을 담대하게 막아서는 사람이어야 합니다. 그리고 우리에게 있는 것은 어차피 복음뿐입니다.

언젠가 동성애의 병폐에 대한 글을 읽은 기억이 있습니다. 동성애가 기대 수명을 20년 이상 단축시킨다는 것입니다. 미국 연방 교육부 장관이었던 윌리엄 베네트(William Bennett, 1943-)는 남자 동성애자의 경우 기대 수명이 43세라고 단언하기도 했습니다.

그것이 무슨 상관일까요? 동성애는 창조 질서에 어긋납니다. 성경적으로 옳지 못합니다. 설령 동성애를 할 경우 기대 수명이 20년 이상 늘어난다고 해도 거기에 마음 둘 이유가 없습니다. 우리의 기준이 오직 성경이기 때문입니다.

그렇다고 해서 동성애를 무작정 반대하는 것은 자칫 성경적이라기보다 감정적이 될 우려가 있습니다. 우리는 하늘을 보되 꽃을 밟지 말아야 하고, 꽃을 살피면서도 하늘이 있는 것을 잊지 말아야 하는 사람들입니다. 그런 고민 끝에 이 책을 내놓게 되었습니다. 출판의 기회를 주신 베드로서원의 방주석 장로님, 정진혁 부장님과 베드로서원 가족들, 기꺼이 추천사를 써 주신 김주연 권사님, 박두용 집사님, 송인도 목사님, 이병철 목사님, 이재선 장로님, 정민교 목사님,

동성애를 말하다

한지연 집사님께 이 지면을 빌려 감사의 뜻을 전합니다. 책을 읽는 모든 분들께 하나님의 크신 은총이 늘 함께하시기를 소망하는 마음으로 두 손 모읍니다.

주후 2026년 4월

하늘교회 목사 강학종

작금의 풍조

나와 아내는 초등학교 동창이다. 같은 마을에서 같은 교회에 다녔다. 그런 때문인지 언제부터 교제했느냐는 질문을 종종 받는다. 그런데 답을 할 수가 없다. 모르기 때문이다. 나도 모르고 아내도 모른다. 요즘은 남녀가 서로 사귀기로 하고 사귄다. 다이어트 광고의 before, after 사진처럼 사귀기 전과 사귀기 시작한 다음이 뚜렷하게 구별된다. 사귄 지 100일 되는 날, 사귄 지 1년 되는 날을 둘만의 기념일로 챙기기도 한다. 전에는 그렇지 않았다. 사귀기로 한 날이 따로 있는 것이 아니니 언제부터 사귀었느냐는 질문 자체가 성립하지 않았다. 하지만 아내가 처음 내 팔짱을 낀 날짜는 기억한다. 그때는 그것이 그만큼 의미 있는 행동이었다. 이런 말을 하면 다 옛날얘기라고 한다. 요즘은 특별한 사이가 아닌데도 팔짱을 끼는 경우가 얼마든지 있다. 남녀 사이의 신체 접촉이 많이 자연스러워졌다. 그러면 특별한 사이에는 무엇을 해야 할까?

언어에는 사회성이 있다. 없던 단어가 만들어지기도 하고, 쓰이던 단어가 소멸되기도 한다. 같은 단어라도 시대에 따라서 뜻이 달라지기도 한다. 전부 세태를 반영하는 현상이다. 내가 대학 다닐 때만 해도 미팅이라는 말이 일상적으로 쓰였다. 대학생이 되면 미팅을 한다는 사실이 고등학생들의 최고 관심사이기도 했다. 요즘은 미팅이라는 말 대신 소개팅이라는 말이 쓰인다. 표현하는 용어가 달라졌다는 얘기는 담고 있는 내용이 달라졌다는 뜻이다. 미팅과 소개팅 역시 그렇다. 초면의 남녀가 만나는 것은 같지만 만남의 내용에는 차이가 있다.

과거에는 사랑하는 사람을 애인이라고 했다. 요즘은 남자 친구, 여자 친구라고 한다. 친구 중에 남자는 남자 친구, 친구 중에 여자는 여자 친구여야 할 것 같은데 그게 아니다. 애인이라는 단어는 이제 안 쓰이는 추세이고, 친구 중에 남자는 '남사친'(남자 사람 친구), 친구 중에 여자는 '여사친'(여자 사람 친구)이라는 해괴한 단어를 만들어서 쓴다.

한번은 청년들한테 왜 애인이라고 안 하고 남자 친구, 여기 친구라고 하느냐고 물은 적이 있다. 그랬더니 애인이라고 하면 결혼을 전제로 하는 사이 같아서 부담스럽다는 답이 돌아왔다. 애인보다 남자 친구, 여자 친구가 부담이 없어서 편하다는 것이었다. 말에는 의식을 규정하는 힘이 있다. 이전에 비해서 한결 쉽게 만나고 쉽게 헤어지는 오늘날의 세태에는 이런 용어 사용이 한몫할 것이다.

동성애를 말하다

심지어 연애 경험이 없는 것을 단점으로 말하기도 한다. 언젠가 '모태 솔로'가 부정적인 뜻으로 쓰이는 것을 알고 속으로 놀랐던 기억이 있다. 나는 '모태 솔로'에서 '순수'를 떠올렸는데, 요즘은 '매력 없음'이나 '무능'을 떠올리는 모양이다.

'일말상초'를 조심해야 한다는 말이 있다. 남자가 입대할 경우, 일병 말에서 상병 초반에 변심하는 여자가 많기 때문에 생긴 말이다. Out of sight, out of mind라는 서양 속담 그대로다. 눈에서 멀어지면 마음에서도 멀어진다. 입대하고 8개월 지나면 상병이 되니, 그 전후에 고무신을 거꾸로 신는 일이 많은 모양이다.

문득 궁금해진다. 일말상초를 조심해야 한다는 말이 언제 생겼을까? 내가 군 생활을 할 적에는 그런 말이 없었다. 그 시절에는 복무 기간이 30개월이었고, 편지가 유일한 통신 수단이었다. 물론 그 기간을 기다리지 못해서 헤어지는 커플도 없지 않았지만 제대할 때까지 기다리는 경우가 훨씬 많았다. 지금은 안 그렇다. 군대에서도 핸드폰 사용이 가능하다. 일과 시간 후에는 얼마든지 목소리를 들을 수 있고 영상 통화로 얼굴도 볼 수 있다. 복무 기간도 18개월로 단축되었다. 그런데도 헤어지는 사례가 무수하다. 과거에는 편지만 주고받으면서도 30개월을 기다리는 것이 일반적이었다면 오늘날에는 매일 통화를 하면서도 18개월을 기다리지 못해서 헤어지는 경우가 일반적이 된 것이다. 전에는 Out of sight, out of mind라고 했다면 이제는 Out of sight, erased from mind라고 해야 할 것 같다.

내가 태어나서 제일 먼저 찍은 사진이 백일 기념사진이다. 지금도 내 앨범에 잘 보관되어 있다. 그 시절에는 백일이 특별한 날이었다. 어느 집에서나 아이가 생후 백일이 되면 백일상을 차려서 기념사진을 찍었다. 그런 풍조가 언제까지 이어졌을까?

지난 1989년 5월이었을 것이다. 딸의 백일이 가까워지던 어느 날, 아내가 어떻게 할 것인지 물었다. 그 즈음에는 백일은 건너뛰고 돌만 챙기는 경우가 많았다. 그래도 아예 건너뛰기는 서운해서 스냅사진을 몇 장 찍었다.

지금은 시대가 달라졌다. 아무도 백일을 기념일로 여기지 않는다. 과거에는 유아 사망률이 높아서 생후 백일은 되어야 큰 고비를 넘긴 것으로 알았지만 이제는 그렇지 않기 때문이다. 백일을 특별한 날로 기념할 이유가 없어졌다.

이런 사실에서 요즘 남녀가 교제하면서 사귄 지 100일 되는 날을 기념일로 챙기는 이유를 짐작할 수 있다. 100일을 못 채우고 헤어지는 커플이 그만큼 많기 때문이다. 그런 교제를 왜 할까 싶을 정도로 쉽게 만나고 쉽게 헤어진다. 당사자들은 이런 지적에 동의하지 않을 것이다. 그들의 사랑이라고 해서 진심이 부족한 것이 아니기 때문이다. 교제를 시작하고 100일이 될 때까지 하루도 빠지지 않고 매일 만났다는 커플도 알고 있다. 하지만 굳이 비유하자면 그릇에 물이 넘치는데 간장 종지인 격이라고 할까? 그릇에 물이 넘치니 그 마음에 사랑이 가득한 것은 맞다. 애정 표현도 과거에 비해서 훨씬 적극적이다. 핸드폰이 있으니 각자의 동선과 일정이 실시간으로 공유된다. 같이 있는 시간이 아니라도 지금 어디서 무엇을 하는지 훤히 알 수 있다. 커플티를 입고 다니는 정도는 얘깃거리도 안 된다. 길거리에서 입을 맞추는 커플도 쉽게 볼 수 있다. 단지 둘의 사이가 예전만큼 진득하지 못한 것뿐이다. 권투 선수로 치면, 풋 워크도 좋고 잽도 좋고 스트레이트도 좋은데 맷집이 약해서 성적이 안 나오는 격이다.

예전이라고 해서 교제를 시작한 커플마다 결혼에 골인하는 것은 아니었다. 중간에 헤어지는 커플도 많았다. 하지만 애인이 대여섯 번씩 바뀌는 경우는 거의 없었다. 지금은 그렇지 않다. 다섯 번째 남자 친구, 일곱 번째 여자 친구를 말하는 사례가 얼마든지 있다. 연애를 몇 번 해 보았느냐는 질문도 하고, 고등학생이나 중학생은 물론이고 심지어 초등학생도 남자 친구, 여자 친구를 얘기한다. 교제의 문턱이 그만큼 낮아졌다.

그게 뭐가 어떠냐 싶을 수 있는데 스킨십이 예전에 비해서 훨씬 편해진 것이 문제다. 게다가 모든 경험은 단회적이다. 남녀가 교제하면서 처음 손을 잡으면 전기가 통하지만 두 번째 손을 잡았을 때는 전기가 통하지 않는다. 처음 감흥을 느끼려면 진도가 더 나가야 한다. 더 강한 자극이 필요하다. 그렇게 시작된 진도가 어디까지 나가야 할까? 결국 성 개방 풍조로 연결된다. 만난 지 100일 기념으로 1박 여행을 가기도 하고, 그때 사진을 SNS에 올려서 주변에 자랑도 한다. 예전 같으면 그런 일이 있어도 둘만 아는 비밀이었는데 이제는 그렇지 않은 것이다.

남자 친구, 여자 친구는 예전의 애인과 달리 아직 결혼을 전제로 하는 사이가 아닌 경우가 많다. 그러면서 스킨십은 예전보다 더 심하고, 그것을 아무렇지 않게 주변에 공개한다. 언젠가 들은 우스갯소리가 있다. 전에는 여름에 가벼운 차림을 했다가 실수로 배꼽이 보이면 그것을 부끄러워했는데 이제는 배꼽을 못 보이면 부끄러워한다는 것이다. 그런데 전에는 이성 관계가 있는 것을 숨겼는데 이제는 이성 관계가 없는 것을 숨기니, 이런 풍조를 뭐라고 해야 할까? 오죽하면 고등학생들의 임신, 출산, 육아 문제를 다룬 〈고딩엄빠〉라는 예능 프로그램이 있을 정도다. 나한테 〈나는 공부하러 박물관에 간다〉라는 책이 있는데, 그 책 제목에 빗대어 혼전 순결을 찾으려면 박물관에 가야할 것도 같다.

이민아 목사가 그의 책 〈땅끝의 아이들〉에서 친구가 딸에게 쓴 편지 내용을 소개한다. "나는 네가 너무 사랑스럽다. 너는 나에게 가장 아름다운 딸이다. 그런데 나의 딸이기 전에 하나님의 딸이다. 너는 한 남자의 신부가 되기 전에 예수님의 신부가 되어야 한다. 하나님이 너를 만드셨다. 너는 가장 아름다운 숙녀다. 너를 보면 눈물이 난다. 나는 네가, 네가 누구인지를 알기 원한다. 하나님이 너에게 주신 가장 아름다운 삶을 살기를 원한다. 예수님의 신부로서, 그리고 예수님이 너에게 자기를 나타내라고 예비한 신랑을 네게 주는 그날까지, 너를 순결한 신부로 기르고 지키라고 하나님이 너를 내게 주셨다.”

우리는 그리스도의 신부다. 마땅히 지켜야 할 순결이 있다. 혼전 순결을 지키는 것은 그 연습이다. 그런데 현실이 녹록하지 않다. 언젠가 한 청년한테서 입대 전에 혼전 순결 서약을 한 사실을 얘기했다가 내무반에서 바보 취급당했다는 말을 들은 적이 있다. 한숨이 절로 나왔다. 혼전 순결 서약을 한 것이 왜 놀림받을 일일까? 그것이 ‘아싸’가 될 일이라면 ‘인싸’가 될 일은 어떤 일일까? 별수 없다. 우리가 사는 세상에서는 육체를 따라 난 자가 성령을 따라 난 자를 박해하는 일이 다반사로 일어난다.

지난 2002년에 상영한 〈색즉시공〉이라는 영화가 있다. 대학생들을 대상으로 하는 코미디 영화다. 색즉시공은 본래 반야심경에 나오는 말로, 이 세상에서 눈에 보이는 모든 것은 헛것이라는 뜻이다. 이를테면 무지개와 같다. 눈에 보이지만 헛것에 불과하다.

그런 불교 용어를 영화 제목으로 차용했다. 〈색즉시공〉의 ‘색’을 섹스의 뜻으로 사용해서 성적 욕구는 즉시 해소해야 한다는 암시이다. 이런 언어유희가 어떻게 가능할까? 우리나라 대학생 대부분의 머리에 가득한 것이 섹스에 대한 욕구이기 때문일까? 그것을 해소하는 것이 최대의 관심사일까? 어쨌든 〈색즉시공〉은 420만 관객을 동원하는 히트를 쳤다. 우리가 살아가는 세상의 한 단면을 보여 주는 것이 분명하다.

가끔 성인 만화, 성인 영화, 성인용품, 성인 콘텐츠, 성인 드라마

같은 단어가 눈에 띈다. 성인이 무슨 뜻일까? 본래 성인은 충분히 장성하여 사회적인 책임 의식이나 사리 분별력이 갖추어진 사람을 말한다. 예컨대 성인 만화는 어린아이는 이해할 수 없을 만큼 깊이 있는 만화여야 한다. 그런데 주변에서 말하는 성인(成人)은 죄다 성인(性人)을 뜻하는 것 같다. 성년과 미성년의 차이를 인격의 깊이나 사고의 수준, 지성의 정도, 성숙한 감정 표현, 문제 해결 능력 등으로 얘기하는 것이 아니라 성적인 문제에 국한해서 말한다. 씁쓸한 현실이다. 누가 이런 현실을 만들었을까? 이런 현실을 막아서는 사람은 없을까?

주변에서 종종 들리는 말 중에 듣기 거북한 말이 더러 있다. 그중의 하나가 "사고 쳤다"라는 말이다. 갑작스런 결혼 소식이 들리면 "왜? 사고 쳤어?"라고 묻기도 한다. 사고가 무엇일까? 피임에 실패한 것이 사고일까? 행여 그렇다면, 피임만 제대로 하면 혼전 관계는 정상이 된다. 성인인데 뭐가 어떠냐는 식이다. 피임 여부가 도덕적인 판단 기준이 된 형국이다. 심지어 결혼 전에 속궁합을 맞춰 봐야 하지 않느냐는 말에는 대답할 말을 찾지 못하겠다.

국어사전에서 속도위반을 찾으면 뜻이 두 가지로 설명되어 있다. 하나는 "교통 법규상 제한되어 있는 차량의 속도를 넘어 속력을 내는 일"이고, 다른 하나는 "결혼한 두 사람이 이미 결혼 전에 아기를 가짐을 속되게 이르는 말"이다. 두 번째 뜻이 언제 생겼을까? 속도위반에 처음부터 그런 뜻이 있었던 것이 아니다. 사람들이 그런 뜻으로 쓰는 사례가 많다 보니 국립국어원에서 속도위반에 그런 뜻이 있는 것으로 인정한 것이다.

내가 젊었을 때만 해도 속도위반이라는 말이 종종 들렸다. 누군가 "결혼 날짜를 왜 그렇게 급하게 잡았대?"라고 물으면 상대방이 "뻔하잖아. 속도위반이지."라고 대답하는 식이었다. 그런데 언제부터인지 속도위반이라는 말이 안 들린다. 속도위반 사례가 없어져서 그런 것이면 좋겠는데, 그게 아니다. 속도위반을 굳이 말할 이유가 없는 것이다. 교통 법규상 제한되어 있는 차량의 속도를 넘어 속력을 내는 일이 속도위반이라면, 이제는 제한된 교통 법규가 없어진 셈이다. 모든 도로가 아우토반¹이다. 꽃잠도 그렇다. 결혼한 신랑, 신부가 처음으로 함께 자는 잠을 꽃잠이라고 하는데 이 말을 들어본 것이 언제인지 가물가물하다. 이 역시 언어의 사회성에 기인한다. 어떤 실체가 있으면 그 실체를 뜻하는 단어가 생기는 반면, 그 실체가 사라지면 그 실체를 뜻하는 단어도 같이 소멸되기 마련이다.

얼마 전에 고향 친구를 만나서 같이 점심을 먹었다. 고향 친구가 지인의 혼인 예식에 갔다가 봤다면서 황당한 말을 했다. 신부가 혼전 임신을 했는데, 하객들을 대상으로 태아의 성별을 맞히는 이벤트를 하더라는 것이었다.

혼전 임신 사례가 전에는 없었을까? 하지만 그 사실을 쉬쉬했다. 신부와 신부 어머니만 아는 비밀이었다. 처녀가 아이를 배도 핑계

1　독일의 자동차 전용 고속도로로 속도 제한이 없다.

가 있다는 말이 왜 있겠는가? 그런 경우에는 입이 열 개라도 할 말이 없을 것으로 간주하기 때문이다. 실제로 혼전 임신을 이유로 주례를 거부한 목사를 알고 있다. 결혼 전에 임신을 했을 때 목사가 주례를 하는 것이 옳은지, 하지 않는 것이 옳은지를 논의할 마음은 없다. "신앙에 덕을 세우기 위해서라도 거부해야 한다"라고 하면 그 말도 옳고, "주례를 거부하면 출교로 받아들일 텐데 그럴 수는 없는 것 아니냐?"라고 하면 그 말도 일리가 있다. 어쨌든 그 즈음에는 혼전 임신이 기독교 신앙에 어긋난다는 생각이 있었다. 아니, 굳이 기독교 신앙을 빌릴 것도 없다. 속도위반이라는 표현에서 알 수 있는 것처럼 교회 밖에서도 바람직하지 않은 일로 여겼다.

지금은 어떨까? 언제부터인지 혼전 임신을 혼수라고 하는 우스갯소리가 들린다. 혼인 연령이 높아진 탓인지, 부모가 반긴다고도 한다. 공공연하게 떠벌리지는 않지만 예전처럼 크게 수치스럽게 여기지도 않는다. 아무리 그래도 혼전 임신을 혼인 예식의 이벤트 소재로 삼는다니 정말로 격세지감이다.

사람들은 이런 경우에 세상이 변했다고 한다. 맞는 말이다. 세상이 변했다. 변해도 너무 변했다. 그러면 이렇게 변한 세태를 보면서 하나님이 영광 받으실까, 사탄이 흐뭇하게 미소 지을까? 이런 사례가 아니라도 혹시 주변에서 세상이 변했다는 말이 들리거든 그 변화가 좋은 쪽으로 변한 것인지, 나쁜 쪽으로 변한 것인지 확인해 보았으면 한다.

약속 시간에 항상 늦는 사람이 있다고 하자. 말로는 어쩌다 늦었다고 할 것이다. 그런데 따져야 할 사실이 있다. 정말로 어쩌다 늦었으면 어쩌다 일찍 올 때도 있어야 하기 때문이다. 일찍 올 때는 한 번도 없고 늦게 올 때만 있다면 어쩌다 늦은 것이 아니다. 마찬가지다. 세상이 항구여일할 수는 없으니 변하는 것은 기정사실이다. 그런데 왜 좋은 쪽으로는 안 변하고 나쁜 쪽으로만 변할까? 그 배후에 누가 숨어 있을까?

카일 아이들먼(Kyle Idleman, 1976-) 목사가 쓴 〈내 마음은 전쟁터〉라는 책이 있다. 그 책에서 교인의 부탁으로 그 교인의 딸과 통화한 내용을 소개한다. 딸이 남자 친구와 동거할 계획을 꾸미고 있다는 것이었다. 그 딸이 신경질적으로 말했다. "전 부모님이 이까짓 문제로 왜 이렇게 소란을 피우는지 정말 모르겠어요!" 책을 읽으면서 깜짝 놀랐다. 미국의 사례이기는 하지만 혼전 동거를 '이까짓 문제'라고 한다는 사실이 당최 받아들여지지 않았다. 이어지는 내용은 간단했다. 한 사람은 아무것도 아닌 문제에 왜 이렇게 호들갑이냐고 했고, 다른 사람은 굉장히 심각한 문제를 너무 사소하게 여긴다고 했다. 우리나라의 사례가 아닌 것을 다행으로 여기기에는 충격이 너무 컸다.

가치 기준에 따라서 남들한테 심각한 문제가 사소하게 보일 수도 있고, 남들한테 사소한 문제가 심각하게 보일 수도 있다. 작금의 성 개방 풍조 역시 그렇다. 아무렇지 않은 사람에게는 아무렇지 않은데 심각한 사람에게는 심각하다. 그리고 아무렇지 않은 사람과 심각한 사람 사이에는 말이 통하지 않는다. 추구하는 가치가 다르니 각자 다른 세상을 사는 것이다. 이 노릇을 어떻게 해야 할까? 자기 소견에 옳은 대로 살면 될까? 그런데 우리에게는 더 심각한 문제가 있다.

토론을 위한 질문

1) 우리는 한 사람의 배우자이기 이전에 그리스도의 신부입니다. 그 사실이 우리의 결혼관에 어떻게 연결될까요?

2) 혼전 임신의 경우, 목사가 주례를 서는 게 옳을까요, 서지 않는 게 옳을까요? 서는 게 옳다면 그 이유는 무엇 때문이고, 서지 않는 게 옳다면 그 이유는 무엇 때문일까요?

3) 가치관이 다르면 말이 통하지 않습니다. 사소한 문제를 심각하게 여기기도 하고, 심각한 문제를 사소하게 여기기도 합니다. 그랬던 경험이 있으면 얘기해 보세요.

또 다른 풍조 - 동성애

지난 2024년, 태국 상원에서 찬성 130표, 반대 4표, 기권 17표로 동성 결혼을 합법화하는 결혼평등법이 가결되었다. 태국이 네팔, 대만에 이어 아시아에서 세 번째로 동성혼을 인정하는 나라가 되었다. 남자끼리, 혹은 여자끼리 가정을 이루어서 법의 보호를 받으며 재산을 공유하고 자녀를 입양할 수 있게 된 것이다.

2025년 현재 동성혼을 인정하는 나라는 그리스, 남아프리카공화국, 네덜란드, 네팔, 노르웨이, 뉴질랜드, 대만, 덴마크, 독일, 룩셈부르크, 리히텐슈타인, 멕시코, 몰타, 미국, 벨기에, 브라질, 스웨덴, 스위스, 스페인, 슬로베니아, 아르헨티나, 아이슬란드, 아일랜드, 안도라, 에스토니아, 에콰도르, 영국, 오스트레일리아, 오스트리아, 우루과이, 칠레, 캐나다, 코스타리카, 콜롬비아, 쿠바, 태국, 포르투갈, 프랑스, 핀란드 등 모두 39개 나라에 이른다.

십수 년 전까지만 해도 동성애는 입에 담기 민망한 단어였다. 그런 단어가 있는 줄은 알지만 쓸 일은 없었다. 대중 매체에서 동성애를 언급하는 것은 당연히 금기였다. 그런데 언제부터인지 영화나 드라마의 소재로 등장하더니 이제는 동성애를 인정해야 시대 흐름에 맞는 사람이고, 반대하면 시대 흐름에 뒤진 사람으로 취급하는 분위기가 되었다. 왜 이렇게 되었을까?

본래 대중 매체는 사회, 정치, 경제, 과학, 문화 등 다양한 분야의 정보를 빠르게 전달하고, 사회적 유대감을 높이는 등의 여러 순기능이 있다. 문제는 우리가 자본주의 사회에 살고 있다는 사실이다. 돈보다 더 강력한 논리가 없다. 행복은 돈으로 살 수 없다는 사람에게 돈이 모자란 것이 아닌지 확인해 보라는 우스갯소리가 있을 정도다. 도스토옙스키(Fyodor Dostoevsky, 1821-1881)가 그의 책 〈미성년〉에서 "돈이야말로 보잘것없는 인물까지도 최고의 지위로 이끌어 주는 수단이다. 거울을 볼 때 나는 내 외모가 내게 불리하게 작용한다는 것을 생각한다. 하지만 내가 백만장자라면 누가 내 얼굴을 문제 삼겠는가? 현인들도 내 앞에서는 아무 말도 못할 것이다. 말할 나위 없이 돈은 절대적 위력을 지닌다."라고 말한 그대로다. 교회 봉사를 열심히 하던 자매가 변호사인 불신자와 결혼하자, "신앙이 좋은 줄 알았는데 아니구나"라고 혀를 차는 게 아니라 "교회 봉사를 열심히 하니 하나님이 복주셨다"라고 감탄하는 말을 듣고 기겁했던 적도 있다. 돈이 모든 것을 따지는 기준이니 신앙의 가치마저 돈으로 환산한 모양이다.

우리가 사는 세상이 이렇다 보니 대중 매체도 돈에서 자유롭지 못하다. 옐로우 저널리즘[2], 블랙 저널리즘[3]이 생기는 데에는 다 이유가 있다. 왜곡된 정보를 전달하기도 하고, 여론을 조작하기도 하고, 선정적인 노출을 하기도 한다. 어떻게 해서든지 소비자의 관심을 끌어야 하기 때문이다. 언제부터인지 대중 매체에서 슬금슬금 동성애를 미화하는 데에는 그럴 만한 내막이 있는 것이다. 속지 말아야 한다. 대중 매체는 진리를 보여 주는 것이 아니라 세상의 관심을 보여 줄 뿐이다. 동성애를 사랑으로 포장하는 일이 얼마든지 가능하다.

교육전도사 시절, 내가 맡은 부서에서 교사로 봉사하는 청년이 물었다. 밤에 아파트 베란다에 나가면 사방에 십자가 네온이 보인다면서, 교회가 점점 많아지는데 세상은 왜 갈수록 악해지느냐는 것이었다. 간단하다. 이 세상 마지막이 구원이 아니고 심판이기 때문이다. 교회가 아무리 많아져도 이 세상의 도도한 물줄기는 하나님 반대쪽으로 흐르고 있다.

취준생이라는 말이 언제부터 쓰였을까? 계약직이라는 말도 그렇다. 내가 대학 졸업하고 직장 생활할 때만 해도 평생직장 개념이었다. 굳이 직장을 옮기거나 중간에 그만둘 이유가 없었다. 그런데 이제는 명예퇴직이라는 말이 낯설지 않다. 그러고 보니 근래에 생긴 용어 중에 긍정적인 뜻을 가진 용어가 없다. 수년 전까지만 해도 미

---

2   사실성보다 자극성과 흥미 위주로 과장, 왜곡해서 보도하는 언론
3   특정 이해관계나 의도를 위해 의도적으로 사실을 숨기거나 조작하는 보도 행태

                          동성애를 말하다

세먼지나 열대야, 인턴사원, 구조조정, 88만 원 세대, 가짜 뉴스, 신종 플루, 메르스, 비대면 예배, 사회적 거리 두기, 코비드, 자가 격리, 팬데믹, 독거노인, 고독사, 개근 거지, 영끌 같은 말이 없었다. 새로 생기는 말마다 살기 팍팍한 현실을 반영하고 있으니 세상이 시나브로 안 좋아지는 것이 분명하다. 동성애가 조금씩 영역을 넓히는 것도 이런 현실의 한 발로일 것이다.

본래 이 세상 역사는 인권을 점점 더 보장하는 쪽으로 진전하게 마련이다. 중세 시대의 인권과 근대의 인권, 현대의 인권을 비교할 것도 없다. 내가 군 생활을 할 때만 해도 공공연하게 구타가 있었지만 이제는 그렇지 않다. 국가 공권력에 의해 저질러진 숱한 용공 조작 사건에는 당연히 고문이 자행되었을 텐데, 그 또한 옛날얘기다. 내가 학생 때는 수시로 두발 검사, 소지품 검사가 있었고, 체벌도 있었지만 지금은 이 모든 것이 금지되었다. 그만큼 인권이 신장된 것인데, 이런 추세는 앞으로도 계속 이어질 것이다. 인권은 당연히 보장되어야 한다. 인권을 신장하는 일은 좋은 일이고, 인권을 억압하는 일은 나쁜 일이다.

이런 식의 사고가 동성애에까지 미쳤다. 동성애를 합법화해야 한다는 논리적 배경에는 성소수자의 인권이 있다. 지난날의 노예 해방이나 여성 해방과 같은 맥락으로 성소수자 해방을 얘기한다. 노예 제도를 자연스럽게 받아들이던 시대가 있었지만 결국 노예를 해방하는 것이 옳았고, 오랜 시절 동안 여자를 남자보다 열등한 존재로 여겼지만 그렇지 않은 것처럼 성소수자 역시 동등하게 대해야 한다는 것이다. 재산이나 피부색, 성별에 의해 사람을 차별하는 것이 옳지 못한 것처럼 성적 취향으로 사람을 차별하는 것도 옳지 못하다는 주장이 얼마든지 가능하다.

문득 생각나는 사실이 있다. 과학이 발전할수록 미신이 타파된다. 한때는 번개를 신의 진노로 알아서 모두가 벌벌 떨었지만 이제는 피뢰침만 있으면 해결되는 것을 누구나 안다. 일견 고무적인데 급기야 하나님마저 미신의 일부로 치부하는 예가 왕왕 있다. 수년 전에 고등학교 동창 모임에 갔다가 요즘도 천국, 지옥이 있다는 말을 믿는 사람이 있느냐는 질문을 받고 어처구니없었던 기억이 생생하다.

인권을 강조하는 것이 그런 격이다. 인권이 아무리 중요하기로 설마 창조 질서보다 상위에 있을까? 그럴 수는 없다. 대체 누구를 위한 인권이고, 무엇을 위한 인권이란 말인가? 인권의 가치는 하나님의 섭리 아래 있을 때 비로소 빛을 발하는 법이다. 창조 질서를 깨뜨린 인권은 인권이 아니라 방종에 불과하다. 인간의 존엄성을 스스로 부인하는 처사이기 때문이다.

지난 2014년에 개봉한 영화 〈노아〉에 노아의 상대역으로 두발가인이 나온다. 철저하게 하나님께 등을 돌리고 살아가는 사람이다. 노아가 셋의 8대손이고 두발가인이 가인의 6대손이니 둘이 같은 시대에 살았을 것 같기도 하다. 두발가인이 "원하는 것을 하는데 뭐가 잘못인가?"라는 말을 한다. 노아의 둘째 아들 함을 유혹하면서도 말하고, 노아를 기습해서 죽이려 할 때도 말한다.

지금은 포스트모더니즘 시대다. 권위를 인정하지 않는다. 그런 세태에서 "원하는 것을 하는데 뭐가 잘못인가?"라는 말은 충분히 설득력 있다. 욕구는 누구에게나 있는 본능이니 당연히 존중되어야 하고, 그것을 실현하는 것은 각자의 능력에 따른 문제라는 것이다. 인간의 행복은 본능의 최대 충족이라는 마르쿠제(Herbert Marcuse, 1898-1979)의 말이 떠오른다.

과연 그럴까? 입에 담기는 민망하지만 남자가 바람을 피우는 수가 있다. 그런 경우에 본처가 상대방 여자를 찾아가서 따지면 상대방 여자는 속절없이 당했다. 머리끄덩이를 잡으면 잡히고, 때리면 맞는 수밖에 없었다. 자기가 잘못한 것이 있으니 입이 열 개라도 벙어리가 되어야 했다. 요즘은 그렇지 않다고 한다. "사모님, 선생님을 포기하세요. 선생님은 이제 저를 사랑하세요." 하고, 태연하게 자기 할 말을 한다는 것이다. "원하는 것을 하는데 뭐가 잘못인가?"라는 발상의 한 단면인 셈이다.

아무리 그래도 자기가 원하는 일을 했다는 이유로 그 행위가 정당화될 수는 없다. 가인은 자기가 원하는 대로 아벨을 죽였고, 요셉의 형들은 자기들이 원하는 대로 요셉을 팔았고, 다윗은 자기가 원하는 대로 밧세바를 취했다.

동성애는 어떨까? 가인이나 요셉의 형들, 다윗 같은 경우는 자기가 하고 싶은 대로 하는 과정에서 피해자가 발생했다. 옳지 않은 소행이라는 사실이 객관적으로 드러난 것이다. 동성애는 다르다. 살인이나 강도, 폭행, 사기 같은 범죄와 달리 아무에게도 해를 입히지 않는다. 그런데 왜 문제가 될까? 동성애자가 되라는 요구는 상대방의 권익을 침해하는 것이지만 타인의 동성애 성향을 인정하는 것은 관용에 속한 문제 아닐까? 자기가 싫으면 그만이지, 남까지 못하게 막을 이유는 없다고 하면 뭐라고 해야 할까? 헌법에서도 보장하는 행복추구권을 자기 취향이 아니라는 이유로 제약하려 드는 것은 지나친 오지랖일 수 있다. 가령 여성의 목사 안수 문제 같은 경우, 교단에 따라 허락하기도 하고 불허하기도 하는 것처럼 동성애도 그렇게 하면 되지 않을까?

어떤 동성애자가 있다고 하자. 자기한테 왜 동성애 성향이 있는지 자기도 모른다. 어쨌든 이성에게는 별 매력을 못 느끼고 동성에게서 매력을 느낀다. 그래서 그런 사람끼리 행복하게 살겠다는데, 굳이 나서서 반대할 이유가 있을까?

구약성경에 따르면 간음한 남녀는 돌로 쳐서 죽이게 되어 있다(레 20:10, 신 22:22). 십계명에서도 간음을 금한다. 그런 규정이 지금도 유효할까? 작금에 이르러서는 대부분의 나라에서 간음을 형법상의 범죄로 규정하지 않는다. 우리나라도 한때 형법 241조에 "배우자 있는 자가 간통한 때에는 2년 이하의 징역에 처한다"라는 조항이 있었지만 사적인 영역에 형법이 개입하는 것은 위헌이라는 주장이 꾸준히 제기되어 지난 2016년 간통죄가 폐지되었다. 간통이 윤리적으로는

   동성애를 말하다

비난받을 일이지만 형법상으로는 죄가 아니라는 것이다.

동성애도 마찬가지다. 성경 시대에는 동성애가 죄로 규정되어 있었지만 현대 사회에서는 다음과 같은 이유로 동성애를 죄로 규정하면 안 된다고 한다.

① 동성애자의 자기 결정권을 존중해야 한다.

② 동성애는 타인에게 해를 끼치지 않는 사적인 성행위다.

③ 동성애 처벌로 기대할 수 있는 국가 이익이 없기 때문에 동성애를 금할 이유가 없다.

④ 형법이 공공의 지지를 상실할 경우 실효적으로 적용될 수 없으므로 동성애 금지는 위헌이다.

⑤ 동성애를 금지하는 것은 헌법상의 자유와 평등의 원칙에 위배된다.

이런 주장을 어떻게 반박해야 할까? 게다가 동성애는 원인을 모른다. 술이나 담배는 자기가 선택해서 시작했으니 끊으라는 권면이 가능하다. 마약이나 도박도 그렇다. 동성애도 그럴 수 있을까?

문득 궁금하기는 하다. 성경 시대에는 동성애자의 자기 결정권을 존중할 필요가 없었는데 지금은 존중할 필요가 생겼다는 얘기일까? 성경 시대에도 동성애가 타인에게 해를 끼치지 않은 것은 마찬가지 아닐까? 성경 시대에는 동성애를 처벌하는 것으로 기대할 수 있는 국가 이익이 있었을까?

사실 이런 논의는 아무 의미가 없다. 성경이 우리의 신앙과 행위에 대한 정확무오한 유일의 법칙이기 때문이다. 회의를 할 적에 "가(可)하면 예 하시오", "부(不)하면 아니오 하시오"라는 식으로 가부를 묻고, 다수결로 정한다고 해서 동성애가 옳은지 그른지도 그렇게 하면 되는 것이 아니다. 성경이 뭐라고 하는지에 주목해야 한다. 우리의 기준은 어디까지나 성경이다. 그리고 결론부터 얘기하면 동성애는 창조 질서에 어긋난다. 성경이 말하는 결혼과 부부의 관계를 심각하게 왜곡한다. 여기에 문제의 심각성이 있다.

토론을 위한 질문

1) 동성애에 대해서 부정적이었는데 특정 영화나 드라마를 보고 동성애를 이해하는 쪽으로 생각이 기운 적이 없나요? 있다면 그 경험을 얘기해 보세요.

2) 주변을 유심히 살피면 세상이 점점 악해지는 것을 알 수 있습니다. 우리가 정신을 바짝 차려야 하는 이유이기도 합니다. 자칫하면 바람에 나는 겨 신세가 될 수 있습니다. 세상이 악해져서 나타나는 사례를 생각나는 대로 얘기해 보세요.

3) "원하는 것을 하는데 뭐가 잘못인가?"는 다분히 인본적인 발상입니다. 하나님께서 원하시는 일을 하는 것이 사람의 본분이기 때문입니다. 자기가 원하는 일과 하나님께서 원하시는 일이 충돌했던 경험이 있으면 얘기해 보세요.

나타나는 병폐

창세기 1장에서 하나님께서 천지를 창조하신다. 2장에서는 사람을 창조하신다. 3장에서는 아담, 하와가 하나님 말씀을 어기고 선악과를 먹는다. 이 세상에 죄가 들어온 것이다. 4장에서는 가인이 아벨을 죽인다. 죄가 세상에 들어오니 형이 동생을 죽이는 참극이 빚어지고 말았다. 5장에는 "…죽었더라", "…죽었더라"로 끝나는 아담의 족보가 나온다. 아담은 930년을 살았고, 셋은 912년, 에노스는 905년, 므두셀라는 969년을 살았지만 모두 죽었다.

국사 시간에 이자겸의 난을 배웠을 것이다. 이자겸이 난을 일으킨 것이 고려 인종 4년, 1126년이다. 그때 태어난 사람이 지금도 살아 있으면 900살이다. 성경에서 가장 오래 산 사람으로 기록된 므두셀라는 말할 것도 없고 아담, 셋, 에노스가 전부 그보다 오래 살았지만 그것뿐이다. 사람은 아무리 오래 살아도 결국 죽을 수밖에 없는 존재가 되었다.

동성애를 말하다

그런 사람들이 사는 세상이 온전할 리가 없다. 급기야 하나님께서 홍수로 세상을 심판하실 작정을 하신다. 창세기 6장에 하나님께서 노아에게 방주를 만들라고 하는 장면이 나온다. 창세기 6장 3a절에는 "여호와께서 이르시되 나의 영이 영원히 사람과 함께하지 아니하리니 이는 그들이 육신이 됨이라"라고 되어 있다. 당시 사람들이 하나님께서 보시기에는 죄다 고깃덩어리에 지나지 않았다. 하나님의 영이 도무지 함께할 수 없었다.

당시 사람들이 어느 만큼 엉망이어서 그랬을까? 창세기 6장 3절 앞에는 고깃덩어리와 방불한 사람들이 세상을 살아가는 실상에 대한 설명도 있다.

> 사람이 땅 위에 번성하기 시작할 때에 그들에게서 딸들이 나니
>
> 하나님의 아들들이 사람의 딸들의 아름다움을 보고 자기들이
>
> 좋아하는 모든 여자를 아내로 삼는지라(창 6:1-2)

하나님의 아들들은 경건한 셋의 후손을 말하고, 사람의 딸들은 하나님을 떠난 가인의 후손을 말한다. 하나님의 아들이 사람의 딸과 부부를 이루어서 함께 살았다. 요즘 상황으로 옮기면 신자가 불신자와 결혼한 것에 해당한다.

신앙을 도외시한 결혼이 옳지 못한 것을 누가 모를까? 신자라고 하면서 직업, 학벌, 집안, 외모, 성격은 꼼꼼하게 따지고 신앙은 대충

건너뛰는 예를 얼마든지 볼 수 있다. 심지어 나중에 믿게 하면 된다고도 한다. 나중에 돈 벌면 된다는 말은 들은 적이 없는데 나중에 믿게 하면 된다는 말은 숱하게 들었다. 노아 홍수 직전에도 어떤 셋의 후손이 자기 마음에 드는 가인의 후손을 배필로 맞으며 "같이 살면서 여호와를 섬기는 법도를 가르치면 되지 않습니까?"라고 했을 것 같다. 나중 순서로 미룬다는 얘기는 그다지 중요하게 여기지 않는다는 뜻인 것을 아는 사람은 다 안다.

그렇다고 해서 그것이 심판으로 다스려야 할 죄악일까? 도저히 납득이 되지 않지만 성경의 지적이 그렇다. 노아 홍수 직전의 세상이 어느 만큼 엉망이었는지를 언급하면서 일상화된 살인이나 강도, 절도, 폭행, 유괴 같은 범죄 행위를 말하지 않고 잘못된 결혼 풍토를 말한다. 사람이 범할 수 있는 죄 중에 그것이 하나님 뜻에 가장 크게 어긋난 죄가 맞을까?

아무래도 수긍이 되지 않는다. 뭔가 억지 같은데, 데칼코마니 같은 기록이 또 있다.

여호와께서 가나안의 모든 전쟁들을 알지 못한 이스라엘을 시험하려 하시며 이스라엘 자손의 세대 중에 아직 전쟁을 알지 못하는 자들에게 그것을 가르쳐 알게 하려 하사 남겨 두신 이방 민족들은 블레셋의 다섯 군주들과 모든 가나안 족속과 시돈 족속과 바알헤르몬산에서부터 하맛 입구까지 레바논산에 거

동성애를 말하다

주하는 히위 족속이라 남겨 두신 이 이방 민족들로 이스라엘을
시험하사 여호와께서 모세를 통하여 그들의 조상들에게 이르
신 명령들을 순종하는지 알고자 하셨더라 <u>그러므로 이스라엘
자손은 가나안 족속과 헷 족속과 아모리 족속과 브리스 족속과
히위 족속과 여부스 족속 가운데에 거주하면서 그들의 딸들을
맞아 아내로 삼으며 자기 딸들을 그들의 아들들에게 주고 또
그들의 신들을 섬겼더라</u>(삿 3:1-6)

창세기에서 죄가 세상에 들어왔다. 그런 세상을 홍수로 심판했다
고 해서 얼마나 달라졌을까? 홍수 전에는 형이 동생을 죽이더니 홍
수 후에는 형들이 동생을 종으로 팔았다. 대체 사람들의 가치관이
어떻기에 그럴 수 있을까? 그런 세상에서 벗어나는 내용을 홍해를
건너 애굽을 탈출하는 것으로 보여 준다. 애굽이 죄악 된 세상의 상
징이다. 죄에서 나왔으면 거룩하게 살아야 한다. 레위기에서 제사
제도로 거룩을 말한다. 레위기의 주제가 거룩이다. 민수기(民數記)
는 백성의 숫자를 헤아린 기록이다. 거룩하게 살아야 할 책임이 있
는 사람이 누구, 누구인지 일일이 파악한 것이다. 신명기(申命記)의
신(申)은 신신당부(申申當付)한다고 하는 '신'이다. 가나안에 들어가서
지켜야 할 법도를 신신당부한 것이다. 여호수아에서 드디어 가나안
에 들어간다. 홍해를 건너 애굽을 나온 이유가 여기에 있다.
　광야를 지날 때만 해도 가나안에만 가면 되는 줄 알았다. 가나안

을 젖과 꿀이 흐르는 땅이라고 한다. 그런 가나안 땅에 들어가면 젖도 먹고 꿀도 먹고, 마냥 행복하게 살 수 있을 줄 알았다. 그런데 그게 아니었다. 가나안에 들어간 다음부터 본격적으로 하나님과의 관계가 중요해졌다.

가나안에 들어간 이스라엘이 어떻게 살았을까? 그것을 보여 주는 것이 사사기인데, 결론부터 말하면 엉망으로 살았다. 이스라엘이 하나님을 떠나 살았다는 얘기는 한두 번 듣는 게 아니어서 새삼스러울 것이 없지만 어느 만큼 엉망으로 살았는지에 대한 지적이 특이하다. 이방 족속과 결혼했다는 것이다. 노아 홍수 직전의 상황 설명을 그대로 반복한다. 대체 성경이 우리한테 무슨 말을 하고 싶은 것일까?

사람이 지을 수 있는 가장 큰 죄가 어떤 죄일까? 설마 신앙을 따지지 않고 결혼하는 것이 가장 큰 죄일까? 아무래도 수긍이 되지 않는데, 사실 질문 자체에 어폐가 있다. 바위든 모래알이든 물에 가라앉기는 매일반이기 때문이다. 하나님께는 큰 죄, 작은 죄의 구별이 의미가 없다. 세상 법정에서 내리는 판결에는 집행유예도 있고, 징역 1년도 있고, 무기징역도 있고, 사형도 있지만 하나님의 법정은 다르다. 하나님 보시기에 의로우면 영생이 주어지고, 불의하면 영벌에 처해진다. 큰 죄와 작은 죄를 따질 것 없이 죄는 죄일 뿐이다. 그리고 죄의 삯은 사망이다.

성경에서 빈번하게 강조하는 죄는 있다. 교만과 음란과 거짓이다. 사람이 하나님처럼 되려고 한 것에서 죄가 시작되었으니 교만이 모든 죄의 기원일 수 있다. C. S. 루이스(C. S. Lewis, 1898-1963)가 다른 모든 악은 사탄이 우리에게 있는 동물적인 본성을 이용하기 때문에 생기는데, 교만은 지옥에서 곧장 나온다고 했다. 다분히 영적인 악이라는 것이다. 폭력적인 사람끼리도 친하게 지낼 수 있고 방탕한 사람끼리도 친하게 지낼 수 있지만, 교만한 사람끼리는 친하게 지낼 수 없다. 교만한 사람일수록 다른 사람의 교만을 용납하지 못한다. 또 음란을 죄의 대표인 것처럼 얘기할 수도 있다. 신약성경에서 죄를 열거할 때마다 성적인 죄가 빠지지 않는다(롬 1:24-31, 13:13, 고전 6:9-10, 갈 5:19-21, 골 3:5-9, 딤전 1:9-10, 계 21:8). 우리가 그리스도의 신부이기 때문이다. 구약성경에서 우상 숭배를 지적할 때도 음란하듯 우상을 섬긴다고 했다. 아내가 요리를 맛없게 하거나 살림살이를 못한다고 해서 배신감을 느끼지는 않지만 정조는 차원이 다르다. 결혼 생활의 근간을 뒤흔들기 때문이다. 거짓도 상당히 자주 언급된다. 누군가 "무엇이든지 속된 것이나 가증한 일 또는 거짓말하는 자는 결코 그리로 들어가지 못하되 오직 어린양의 생명책에 기록된 자들만 들어가리라"(계 21:27)라는 말씀을 보면서 거짓말이 그렇게 큰 죄인지 몰랐다고 하는 말을 들은 적이 있는데, 성경이 말하는 거짓말은 사실과 다른 말이 아니다. 히브리 산파 십브라와 부아가 바로한테 거짓을 고했지만 하나님은 오히려 은혜를 베푸셨다. 성경은 마귀를 거짓의 아비라고 한다(요 8:44). 즉 마귀한테 속한 말이 거짓말이다. 마귀가 예수님을 시험하면서 자기에게 경배하면 천하만국의 영광을 주겠다고 했는데, 설령 그것이 진심으로 한 말이었다고 해도 거짓말이다.

그런데 왜 노아 홍수 직전의 세상이 얼마나 엉망이었는지, 가나안에 들어간 이스라엘이 하나님을 어떻게 거역했는지 설명하면서는 신앙을 떠난 결혼을 예로 들었을까? "사람들이 얼마나 부패한 삶을 살았는지 아느냐? 단적으로 말하면 이런 일이 있을 정도였다."라고 하려면, 당시 벌어진 일 중에서 최악인 사례를 꼽아야 한다. 그 시대 사람들이 신앙보다 자기 정욕을 더 중시한 것은 알겠는데, 그것으로는 쉬 수긍이 안 된다.

고등학생 시절, 안식일에 일하는 자는 죽이라는 성경 말씀을 의아하게 여겼던 기억이 있다. 십계명 중에 네 번째 계명이 안식일을 기억하여 거룩하게 지키라는 계명인 것은 알지만, 그렇다고 해서 사람을 죽이기까지 해야 할까? 하나님이 그 정도로 잔인한 신일까?

상당한 시간이 지난 다음에야 의문이 풀렸다. 안식일을 지키는 것이 일종의 메시지이기 때문이다. 혼인 예식을 마치면 신랑, 신부가 팔짱을 끼고 행진을 한다. 부부가 되어서 내딛는 첫걸음이다. 그런데 신부가 팔짱 끼기를 거부하면 어떻게 될까? 그때의 팔짱은 스킨십의 문제가 아니다. 둘이 부부가 된 것을 하객들에게 보여 주어야 한다. 신부가 팔짱 끼기를 거부할 경우에는 팔짱을 안 끼고 행진하면 되는 것이 아니라 혼인 예식이 무효가 될 수 있다. 팔짱을 안 끼는 것이 한 남자의 아내이기를 거부하는 메시지가 되기 때문이다.

    동성애를 말하다

하나님과 이스라엘은 안식일을 매개로 이어진 사이다. 그런 안식일을 지키지 않는 것은 스스로 하나님의 백성이기를 거부한다는 메시지가 된다. 하나님께서 엄중하게 말씀하실 만하다.

결혼이 그렇다. 결혼에는 하나님께서 주시는 메시지가 있다. 신앙을 떠난 결혼은 그 메시지에 대한 모독이 된다.

1) 성경은 결혼을 상당히 중요하게 얘기합니다. 교회 밖에서도 물론 그렇습니다. 결혼을 소홀히 여기는 사람은 없습니다. 단지 중요하게 여기는 이유가 다를 뿐입니다. 우리한테는 결혼이 어떤 의미가 있을까요?

2) 죄에서 나왔으면 거룩하게 살아야 합니다. 성경은 그 사실을 레위기의 제사 제도로 설명합니다. 하나님과의 관계를 바로 정립하는 것입니다. 그 내용을 우리에게 적용하면 어떻게 될까요? 죄를 사함 받고 하나님의 백성이 되었으면 앞으로 무엇을 해야 할까요?

3) 성경이 가장 빈번하게 지적하는 죄는 교만과 음행과 거짓입니다. 그런 죄의 형태가 우리한테는 어떻게 나타날까요?

결혼에 담긴 구원

　예수님이 행하신 기적은 한두 가지가 아니다. 죽은 사람을 살리고, 나병 환자를 낫게 하고, 풍랑을 잔잔하게 하고, 물 위를 걸었다. 보리떡 다섯 개와 물고기 두 마리로 오천 명을 먹이기도 했다. 이중에서 가장 먼저 행하신 기적이 갈릴리 가나의 혼인 잔치에서 물로 포도주를 만든 기적이다. 왜 그랬을까? 그 기적이 첫 번째 기적이어야 하는 특별한 이유라도 있을까?

　성경은 혼인으로 시작해서 혼인으로 끝나는 책이다. 창세기 2장에 아담, 하와의 혼인이 나온다. 하나님이 아담의 갈비뼈로 하와를 만든 다음에 "남자가 부모를 떠나 그의 아내와 합하여 둘이 한 몸을 이룰지로다"라고 하셨다. 오래전에 "남자만 부모를 떠나고 여자는 안 떠납니까?"라는 질문을 받은 적이 있는데, 그런 얘기가 아니다. 성자 예수님이 성부 하나님을 떠나 교회와 합하여 한 몸을 이루는 구원의 모형을 보여 준 것이다. 물론 교회는 예배당 건물이 아니라 믿는 사람들, 즉 우리를 말한다.

예수님이 우리와 한 몸을 이룬다는 얘기가 실감이 나는가? 우리가 얻은 구원이 그만큼 놀라운 사건이다. 우리는 지옥에 안 가고 천국에 턱걸이만 하면 그것으로 만족할지 몰라도 하나님은 우리가 예수님과 동등해져야 만족하신다.

요한계시록에서는 이런 구원을 어린양의 혼인 잔치로 보여준다. 신랑과 신부가 한 몸이듯이 우리가 그리스도와 한 몸이 된다. 신부가 신랑의 모든 것을 공유하는 것처럼 우리가 그리스도의 모든 것을 공유한다. 지옥에 안 가고 천국에 가는 것이 구원이 아니라 우리가 그리스도처럼 되는 것이 구원이다.

각설하고, 성경은 우리에게 허락된 구원을 결혼을 통해서 보여 준다. 결혼은 구원의 신비가 담긴 사건이다. 그런 구원을 위해서 이 땅에 오신 예수님이 자칫 엉망이 될 뻔한 갈릴리 가나의 혼인 잔치를 온전하게 하셨다. 예수님이 물로 포도주를 만든 기적을 가장 먼저 행하신 데에는 그만한 이유가 있다.

존 파이퍼(John Piper, 1946-) 목사가 쓴 〈This Momentary Marriage : A Parable of Permanence〉라는 책이 있다. 우리나라에는 〈결혼 신학〉이라는 제목으로 소개되었는데, 원래 제목대로 하면 〈일시적인 결혼 : 영원한 것의 비유〉이다. 그런 원제를 살려서 "영원한 것을 보여주는 일시적 결혼"이라는 부제가 붙어 있다.

결혼을 일시적이라고 하는 것이 말이 될까? 예식 시간이야 30분이면 끝나지만 결혼 생활은 몇 십 년씩 이어진다. 결혼 25주년을 기념하는 의식을 은혼식, 50주년을 기념하는 의식을 금혼식, 60주년을 기념하는 의식을 회혼식이라고 한다. 실제로 회혼식에 이르는 부부가 많지는 않겠지만 60년을 함께 살기도 한다는 뜻이다. 그런데도 존 파이퍼 목사는 결혼이 일시적인 사건이라고 했다.

한 남자와 한 여자가 한 지붕 밑에서 같이 살면서 애 낳고 키우는 것이 결혼의 알짬이 아니다. 성경은 결혼을 통해서 구원의 신비를 보여 준다. 부부가 한 몸을 이루는 것처럼 장차 우리가 그리스도와 한 몸이 될 것이다. 요컨대 우리한테 허락된 구원이 어떤 것인지 보여 주는 것이 결혼이다. 구원이 영원하다면 결혼은 그 영원한 것을 보여 주는 일시적인 의식일 수밖에 없다.

부활이 없다 하는 사두개인들이 그날 예수께 와서 물어 이르되 선생님이여 모세가 일렀으되 사람이 만일 자식이 없이 죽으면 그 동생이 그 아내에게 장가들어 형을 위하여 상속자를 세울지니라 하였나이다 우리 중에 칠 형제가 있었는데 맏이가 장가들었다가 죽어 상속자가 없으므로 그 아내를 그 동생에게 물려주고 그 둘째와 셋째로 일곱째까지 그렇게 하다가 최후에 그 여자도 죽었나이다 그런즉 그들이 다 그를 취하였으니 부활 때에 일곱 중의 누구의 아내가 되리이까(마 22:23-28)

형사취수제도는 고구려나 부여에도 있던 풍습이다. "고대 사회에는 그런 망측한 제도가 있었구나" 싶을 수 있지만 그렇지 않다. 일종의 사회보장제도이기 때문이다. 예컨대 일부다처제가 그렇다. 여성의 사회 진출 통로가 막혀 있던 시절, 혼자 된 여자는 누군가 부양해 주지 않으면 살아갈 방도가 없었다. 능력이 있음에도 불구하고 '일편단심 민들레'를 주장하는 것은 숱한 과부가 굶어 죽는 것을 방치하는 악덕이다. 고구려나 부여에 있었던 형사취수제도도 다분히 그런 개념이다.

모세의 율법에 나오는 형사취수제도는 다르다. 형이 후사를 남기지 않고 죽으면 동생이 형수를 취한다는 얘기는 동생한테 형수 뒷바라지를 맡긴다는 뜻이 아니라 형을 대신해서 후사를 이으라는 뜻이다. 이스라엘이 가나안에 들어간 다음 지파 별, 가족 별로 땅을 나눴는데, 후사 없이 죽으면 그 땅은 어떻게 될까? 그래서 형사취수제도가 마련되었다. 하나님께서 주신 기업에서 하나님의 백성의 이름이 끊어지면 안 되기 때문이다.

사두개인들은 부활을 인정하지 않는다. 그런 사두개인들이 예수님께 물었다. 일곱 형제 중 맏이가 장가들었다가 자식 없이 죽는 바람에 둘째가 그 아내를 취했는데 둘째도 자식 없이 죽고, 셋째가 또 그 아내를 취했는데 셋째도 자식 없이 죽고… 이런 식으로 일곱 형제가 다 죽으면 부활 때 그 아내는 누구의 아내가 되느냐는 것이었다.

일곱 형제가 후사를 남기지 않고 차례대로 다 죽을 확률이 얼마나 될까? 실제로 그런 일이 일어날 가능성은 거의 없다. 하지만 발생 가능성이 문제가 아니다. 부활이 없다는 사실을 논증해야 한다. 부활이 있으면 이런 모순이 벌어지는데, 어떻게 부활이 있을 수 있느냐는 것이다.

사두개인들의 질문은 너무 터무니없다. 기왕이면 발생 가능성이 있는 질문으로 바꿔서 생각해 보자. 어떤 남자가 아내와 사별해서 재혼한 경우에는 어떻게 될까? 나중에 부활하면 첫 번째 아내와 두 번째 아내가 한집에서 형님, 아우님하면서 같이 살게 될까? 그나마 재혼한 아내가 초혼일 경우에만 그렇다. 재혼한 아내에게 사별한 남편이 있으면 전 남편, 현 남편, 전 아내, 현 아내 네 명이 한집에서 사이좋게 살아야 할까?

> 예수께서 대답하여 이르시되 너희가 성경도, 하나님의 능력도 알지 못하는 고로 오해하였도다 부활 때에는 장가도 아니 가고 시집도 아니 가고 하늘에 있는 천사들과 같으니라 죽은 자의 부활을 논할진대 하나님이 너희에게 말씀하신바 나는 아브라함의 하나님이요 이삭의 하나님이요 야곱의 하나님이로라 하신 것을 읽어 보지 못하였느냐 하나님은 죽은 자의 하나님이 아니요 살아 있는 자의 하나님이시니라(마 22:29-32)

사두개인은 예루살렘에서 상당한 세력을 가진 제사장 계층으로 대부분 부유했다. 유복한 생활을 하는 만큼 다분히 현세 중심적이었고 부활이나 영, 천사를 믿지 않았다. 성전 제사 제도를 중시했기 때문에 성경도 모세오경만 인정했다. 역사서나 시가서에는 "순종이 제사보다 낫다"(삼상 15:22), "주께서는 제사를 기뻐하지 아니하시나니 그렇지 아니하면 내가 드렸을 것이라"(시 51:16), "너희가 내 제단 위에 헛되이 불사르지 못하게 하기 위하여 너희 중에 성전 문을 닫을 자가 있었으면 좋겠도다"(말 1:10)처럼 성전의 중요성을 해치는 구절이 있기 때문에 '노 땡큐'였다.

자기들 취향에 따라 성경을 인정하고, 인정하지 않는 처사가 달갑지 않게 보일 수 있지만 당시에는 그럴 여지가 있었다. 유대교 경전이 주후 90년 얌니아 회의에서 확정되었기 때문이다. 그전에는 죄다 낱권인 고대 문서로 존재했으니 거기에서 자기들 입맛대로 선택한 것이다.

아닌 게 아니라 모세오경에는 부활을 지지하는 내용이 없는 것 같기도 하다. 그런 그들한테 성경 다른 곳을 인용해서 부활을 설명해봐야 소용없다. 그래서 예수님이 모세오경에 있는 내용으로 말씀하셨다.

하나님은 아브라함의 하나님이고 이삭의 하나님이고 야곱의 하나님이다. 한때 아브라함의 하나님이었다가 아브라함이 죽은 다음에는 이삭의 하나님이 되었고, 이삭이 죽은 다음에는 야곱의 하나님이 된 것이 아니다. 하나님은 아브라함한테 지금도 하나님이다. 아브

동성애를 말하다

라함이 사두개인들한테 죽은 사람이라고 해서 하나님께도 죽은 사람이 아니다. 아브라함은 살아 있는 동안 한시적으로 하나님과 관계를 맺다가 죽은 것이 아니라 지금도 하나님과 관계를 맺고 있다.

하나님은 죽은 자의 하나님이 아니라 살아 있는 자의 하나님이다. 하나님 앞에서는 아무도 죽은 자가 없다. 일곱 형제 중 맏이가 아내를 맞았는데 후사 없이 죽었다. 더 이상 이 세상 사람이 아니다. 이 세상의 모든 것과 단절되었다. 그렇다고 해서 하나님과도 단절되었을까? 둘째가 형의 아내를 맞았는데, 또 후사 없이 죽었다. 둘째 역시 마찬가지다. 여자는 어떻게 되었을까? 이 세상에서는 이 세상 질서에 따라서 신분이 바뀌었다. 그렇다고 해서 하나님 앞에서 바뀐 것이 있을까? 설마 하나님이 그 여자를 "처음에는 아무개의 아내였는데, 그다음에는 아무개의 아내였고, 그다음에는 아무개의 아내였던 여자"로 기억하실까?

고린도전서 15장에서 바울이 여러 가지 비유로 부활을 설명한다. 우리가 지금은 흙에 속한 자의 형상을 입고 있다. 하지만 부활하게 되면 하늘에 속한 자의 형상을 입게 된다. 지금은 육의 몸을 입고 있지만 그때는 신령한 몸을 입게 된다. 그 몸이 어떤 몸인지 몰라도 지금의 몸과 확연하게 다를 것이 분명하다. 바울이 씨를 뿌리는 얘기도 한다. 코스모스 씨앗을 뿌리면 코스모스가 자란다. 코스모스 씨에서 코스모스의 모습이 보일까? 심는 씨와 그 씨에서 나온 코스모스가 전혀 다른 것처럼 부활하기 전과 부활한 다음의 우리도 그렇다.

사두개인들이 이런 부활을 알 턱이 없다. 고작해야 죽었다가 살아나서 죽기 전에 살던 삶을 다시 이어 가는 것으로 생각했다. 그러면 기존 질서가 엉망이 되는데 어떻게 그런 일이 있을 수 있느냐는 것이었다.

하나님께서 모세한테 출애굽 계획을 말씀하시면서 "나는 아브라함의 하나님이요 이삭의 하나님이요 야곱의 하나님이다"라는 말씀을 하셨다. 그런 하나님의 자기소개에서 부활이 설명된다면 부활은 출애굽을 배경으로 하는 셈이다. 즉 부활은 구원에 결부된 개념이다. 구원의 완성이 부활이기 때문이다. 구원을 모르는 사람은 부활도 자기 수준에서 생각할 것이다. 그런 부활이 부활일까? 결국 구원을 모르면 부활을 알 재간이 없게 된다. 사두개인들이 그런 질문을 한 데에는 그만한 이유가 있었다.

부교역자 시절, 한 청년이 소개팅을 시켜 달라고 하기에 내가 답했다. "소개팅을 시켜 줄 능력은 없고, 대신 독신 은사가 생기게 기도해 줄게." 그 청년이 펄쩍 뛰었다. 소개팅을 시켜 주지 않아도 좋으니까 장난으로라도 그런 기도는 절대 하지 말라고 했다.

그 청년이 왜 그렇게 질색했을까? 그야 당연히 독신으로 사는 것이 싫어서 그런 것 아니겠느냐 싶지만 그렇지 않다. 독신 은사가 없는 채 독신으로 사는 상황을 떠올렸기 때문이다. 그 청년한테 정말로 독신 은사가 있다고 가정해 보자. 그러면 독신으로 사는 것이 힘들 이유가 없다. 결혼해서 사는 것이 오히려 고역일 것이다.

수련회에서 자정 넘어 2시까지 기도회를 했을 경우, 그 말을 듣는 사람의 반응은 두 가지로 갈릴 것이다. "와! 그렇게 열심히 기도했어? 정말 은혜로웠겠네."라고 하는 사람도 있고, "에구, 고생 많았겠네. 정말 힘들었겠다."라고 하는 사람도 있을 것이다. 사두개인들이 그 자리에 있었으면 "2시까지 잠도 못 자고 힘들어서 어떻게 했어? 수련회 안 가기를 잘했네."라고 했을 것이다. 그런 사두개인들한테 기도회가 얼마나 은혜롭게 진행되었으면 잠자는 것도 잊고 2시까지 기도에 몰입했는지 설명할 수 있을까?

사람에게는 죽음이 이 세상과의 단절을 의미한다. 살아 있는 사람과 죽은 사람은 모든 면에서 다를 수밖에 없다. 당사자한테만 해당되는 얘기가 아니다. 교통사고로 어머니가 입원실에 있다는 연락을 받았을 때의 충격과 교통사고로 어머니가 영안실에 있다는 연락을 받았을 때의 충격은 비교가 되지 않는다. 하지만 하나님은 아브라함의 하나님이요 이삭의 하나님이요 야곱의 하나님이다. 하나님께는 죽음이 아무 의미가 없다. 살아 있는 사람과 죽은 사람을 구별하실 이유도 없다.

일곱 형제 중 맏이가 어떤 여인과 결혼을 했다. 그런데 후사 없이 죽는 바람에 동생이 형수를 아내로 맞았다. 동네 사람들은 "저 여인이 전에는 저 집 큰아들의 여자였는데 이제는 둘째아들의 여자가 되었구나"라고 할 것이다. 큰아들의 죽음을 기준으로 그 여인의 신분이 바뀐 것이다. 그렇다고 해서 하나님도 "저 여자가 전에는 큰아들의 아내였는데 이제는 둘째 아들의 아내가 되었구나"라고 하실까?

죄의 삯이 사망이다. 사망은 인간의 죄로 말미암아 비롯되었다. 하나님께서 그것을 치유하신 것이 부활이다. 단지 죽었다가 살아나는 것이 부활이면 사두개인들과 같은 질문을 할 수 있다. 하지만 죽음이 없어진 것, 죽음으로 인한 모든 질고를 치유한 것, 죽음에 대해서 원인 무효를 선언한 것이 부활이면 사두개인들의 질문은 성립하지 않는다. 죽음과의 연결선에서 부활 이후를 말하는 오류를 범하고 있기 때문이다. 하나님께서 선포하실 완전한 세상을 지금 세상에 근거해서 얘기하면 논리적인 모순이 생길 수밖에 없다. 배춧잎을 갉아먹는 배추벌레가 우아한 날갯짓으로 꽃 사이를 노니는 나비의 세계를 어찌 알며, 땅을 헤집으며 지렁이를 탐하는 닭이 창공을 비행하는 독수리의 세계를 어찌 알겠는가?

지금은 결혼 제도가 필요하다. 아직 구원이 완성되지 않았기 때문이다. 부활한 다음에는 다르다. 부활했다는 얘기는 구원이 완성되었다는 뜻이다. 그 모델인 결혼 제도가 있을 까닭이 없다. 수학능력시험을 보기 전에는 모의고사를 치러도 수학능력시험이 끝난 다음에는 모의고사를 치를 이유가 없는 것과 같다.

성경에는 죽었다가 살아난 사람 얘기가 더러 나온다. 나사로가 가장 유명하지만 나사로만이 아니다. 예수님이 회당장 야이로의 딸도 살렸고, 나인성 과부의 아들도 살렸다. 베드로는 죽은 다비다를 살렸고, 바울은 유두고를 살렸다. 엘리야와 엘리사도 죽은 아이를 살

동성애를 말하다

렸다. 하지만 어느 누구도 부활했다고는 하지 않는다. 죽었다가 살아난 것뿐이다. 예전과 똑같이 살다가 다시 죽었다. 달라진 것이 아무것도 없었다.

지금은 고인이 된 이어령 씨는 오랜 세월을 불신자로 지내다가 딸 이민아 목사의 권유로 예수를 영접했다. 이민아 목사는 갑상선 암 수술을 세 차례나 받았고, 실명 위기에서 기적적으로 치유되기도 했다. 이어령 씨가 말했다. "딸로 인해서 하나님을 믿게 되었지만 그렇다고 해서 기적 때문에 기독교를 받아들인 것은 아닙니다. 지금 병이 나아도 언젠가 죽습니다. 이 땅에 기적은 부활과 영생뿐입니다." 이어령 씨에 따르면 나사로가 다시 살아난 것은 기적이 아니다. 죽음에서 완전히 해방된 것이 아니기 때문이다. 그런데 부활은 우리를 죽음에서 완전히 해방하는 하나님의 능력이다.

우주의 크기가 얼마나 될까? 학자들에 따르면 지름이 약 930억 광년인데 지금도 계속 팽창하고 있다고 한다. 1초에 30만km를 가는 빛이 930억 년을 가야 하는 거리가 어느 만한 거리인지 전혀 감이 잡히지 않지만 어딘가에 끝이 있을 것이다. 그러면 어디까지는 우주이고, 어디부터는 우주가 아닌지 어떻게 구별할까? 우주의 가장자리는 어떻게 생겼을까? 도통 상상이 안 된다. 우주는 무한한 공간이 아닌데도 그렇다. 하물며 부활 전의 우리가 영원한 세계에 들어간 부활 후의 우리를 상상할 수 있을까? 우리에게 그런 구원을 주시는 하나님의 능력은 또 어떻게 헤아릴까?

사두개인들은 잠들었다 깨도 여전히 그 사람인 것처럼 부활한 사람도 예전의 그 사람인 줄 알았다. 나사로가 죽었다가 살아난 것처럼 부활을 그렇게 알았다. 그런 황당한 질문을 한 것은 그들이 성경도 모르고 하나님의 능력도 몰랐기 때문이고, 구원을 모르면서 구원 이후를 생각했기 때문이다. 하나님께서 결혼을 통해서 우리에게 구원을 암시하신다는 사실을 그들이 무슨 수로 알겠는가?

<h1 align="center">토론을 위한 질문</h1>

1) 예수님이 자칫 엉망이 될 뻔한 혼인 잔치를 온전하게 해 주셨습니다. 예수님은 혼인 잔치에 관심이 많으십니다. 우리가 예수님의 온전한 신부가 되려면 가장 시급한 과제가 어떤 것일까요?

2) 부활 후에도 이 세상의 삶이 이어지면 모든 것이 엉망이 될 수밖에 없습니다. 사두개인들의 질문은 그들의 한계를 그대로 보여 줍니다. 우리가 구원 얻은 다음에 구원 얻기 전의 삶을 그대로 답습한다면 그 또한 그렇습니다. 우리한테서 고쳐야 할 것이 있다면 어떤 것일까요?

3) 하나님은 죽은 자의 하나님이 아니고 살아 있는 자의 하나님입니다. 하나님은 늘 우리의 지금 모습을 보고 계십니다. 오늘 하루 하나님께 성실한 것이 중요합니다. 그 일을 위해서 고쳐야 할 것이 있다면 어떤 것일까요?

결혼에 담긴 신비

하나님이 천지를 창조하셨을 적에 모든 것이 하나님 보시기에 좋았는데, 좋지 않은 것이 딱 하나 있었다. 아담이 혼자 사는 것이었다. 하나님이 "사람이 혼자 사는 것이 좋지 아니하니 내가 그를 위하여 돕는 배필을 지으리라"라고 하셨다. 그렇게 해서 아담의 갈비뼈로 하와를 만드신다.

사람이 혼자 사는 것이 왜 좋지 않다고 하셨을까? 성경에 직접적인 서술이 없으니 천생 추측해야 하는데, 혼자인 아담이 외롭게 보여서 그랬을 것 같기도 하다. "아담이 외롭게 혼자 있는 것이 안쓰러워서 하와를 만드셨다"라고 하면, 대부분 고개를 주억거릴 것이다.

그런데 그렇게 단정하고 넘어가기에는 미심쩍은 부분이 있다. 당시 아담은 죄를 범하기 전이었다. 하나님과 자유로운 교제를 누릴 때였다. 그런데도 외로움을 느꼈을까? 외로움은 죄로 인해서 하나님과 멀어진 이후에 생긴 병리적인 감정 아닐까?

동성애를 말하다

어쨌든 사람이 혼자 사는 것이 좋지 않다고 하신 하나님이 아담의 갈비뼈로 하와를 만드시고는 둘이 합하여 한 몸을 이루라고 하셨다. 그러면 우리가 알 수 있는 사실이 있다. 우선 사람이 혼자 사는 것은 좋지 않다는 사실이다. 그렇다고 해서 둘이 살기만 하면 되느냐 하면, 그렇지 않다. 둘이 합하여 한 몸을 이루어야 한다. 그래야 하나님 보시기에 좋다. 하나님께서 천지를 지으실 적에 계속 "하나님이 보시기에 좋았더라", "하나님이 보시기에 좋았더라"라는 말이 나왔으니 사람도 둘이 합하여 한 몸을 이루어야 하나님의 창조 목적에 부합하게 된다는 뜻이다. 사람이 혼자 사는 것이 좋지 않다고 하신 이유는 외로워 보였기 때문이 아니라 창조 목적이 드러나지 않았기 때문이다.

이때 하나님은 아담을 위해서 돕는 배필을 짓겠다고 하셨다. 국어사전에서 '돕다'를 찾으면 "남이 하는 일이 잘되도록 거들거나 힘을 보태다"라고 설명되어 있다. 하와가 아담을 돕는다고 하면 아담이 주로 일을 하고 하와는 옆에서 거드는 것 같은 느낌을 주는데, 그렇지 않다. 여기에 쓰인 돕는다는 말을 히브리어로 하면 '에제르'(עזר)인데, 하나님이 우리를 도우시는 분이라고 할 때 쓰인 말이다. 수고를 덜어 주는 정도의 도움이 아니라 없으면 안 되는 도움이다. 하와가 그만큼 강력한 조력자다. 아담에게는 하와가 반드시 필요하다. 게다가 배필은 뭔가 한 쌍을 이룬 듯한 느낌을 준다. 남편과 아내는 젓가락 두 짝처럼 어느 한쪽이라도 없으면 안 된다. 따로 있어도 안 된다. 같이 있어야 온전해진다.

게리 토마스(Gary Thomas, 1961-)가 쓴 〈사랑과 행복, 그 이상의 결혼 이야기〉라는 책이 있다. 제목이 범상하지 않다. 사람들이 결혼에서 가장 많이 떠올리는 단어가 사랑과 행복일 것이다. 사랑과 행복이 결혼의 전부인 양 얘기하기도 한다. 그런데 게리 토마스는 결혼이 사랑과 행복 이상의 사건이라고 한다. 결혼에서 추구해야 할 궁극적인 가치는 사랑과 행복 정도가 아니라는 것이다. 그 책에서 동생한테 했다는 조언을 소개한다. "네가 예수님을 자유롭게 섬기고자 한다면 더 이상 할 말이 없다. 독신으로 지내라. 결혼하면 시간을 많이 뺏기게 마련이다. 그렇지만 예수님을 더욱 닮아가고자 한다면 결혼하는 것이 좋다고 생각한다. 결혼을 하면, 결혼을 하지 않을 경우에는 결코 겪지 못할 인간관계에 부딪힐 수밖에 없거든."

결혼은 결혼 자체가 목적이 아니다. 결혼을 통해서 알아야 할 것이 있고, 배워야 할 것이 있고, 익혀야 할 것이 있다. 남편과 아내로 존재하기만 하면 되는 것이 아니라 감당해야 할 배역이 있다.

아내들이여 자기 남편에게 복종하기를 주께 하듯 하라 이는 남편이 아내의 머리 됨이 그리스도께서 교회의 머리 됨과 같음이니 그가 바로 몸의 구주시니라 그러므로 교회가 그리스도에게 하듯 아내들도 범사에 자기 남편에게 복종할지니라 남편들아 아내 사랑하기를 그리스도께서 교회를 사랑하시고 그 교회를

동성애를 말하다

위하여 자신을 주심같이 하라 이는 곧 물로 씻어 말씀으로 깨

끗하게 하사 거룩하게 하시고 자기 앞에 영광스러운 교회로 세

우사 티나 주름 잡힌 것이나 이런 것들이 없이 거룩하고 흠이

없게 하려 하심이라 이와 같이 남편들도 자기 아내 사랑하기를

자기 자신과 같이 할지니 자기 아내를 사랑하는 자는 자기를

사랑하는 것이라 누구든지 언제나 자기 육체를 미워하지 않고

오직 양육하여 보호하기를 그리스도께서 교회에게 함과 같이

하나니 우리는 그 몸의 지체임이라 그러므로 사람이 부모를 떠

나 그의 아내와 합하여 그 둘이 한 육체가 될지니 이 비밀이 크

도다 나는 그리스도와 교회에 대하여 말하노라(엡 5:22-32)

"아내들이여 자기 남편에게 복종하기를 주께 하듯 하라"라고 하면, 대부분의 여자들이 질색한다. 시대에 뒤진 말씀이라고 반발하는 얘기를 들은 적도 있다. 하지만 혼자 조선 시대를 살아가는 고리타분한 사람이 하는 잔소리가 아니라 성경에 나온 말씀이다. 하나님 말씀이 시대의 흐름을 판단할 수는 있어도 시대의 흐름이 하나님 말씀을 판단할 수는 없다. 무릇 아내가 남편한테 복종해야 하는 것은 만고불변의 진리 말씀이다. "성경에는 그렇게 되어 있지만 지금은 시대가 변했으니까…"라고 하면 안 된다. 시대가 변해도 성경은 성경이다.

아내를 향한 성경의 요구는 주님께 복종하듯 남편에게 복종하라

는 것이다. 남편이 주님은 아니지만 주님처럼 대하라고 하신다. 그리스도가 교회의 머리인 것처럼 남편이 아내의 머리이기 때문이다.

교육전도사 시절, 교사 기도회를 인도하면서 본문을 인용한 적이 있다. 기도회가 끝나자 질문이 쏟아졌다. "복종하면 더 기고만장해서 큰소리칠 텐데요? 정말로 자기가 잘난 줄 알 거 아니에요?", "계속 복종하면 정신 차릴까요?", "도무지 복종할 만하지 않으면 어떻게 해야 해요?"

성경이 말하는 내용은 '남편 길들이기'가 아니다. 아내가 남편에게 복종하기를 주께 하듯 하면 남편이 가정적으로 변한다는 얘기는 없다. "복종할 만한 남편이면 복종하라"가 아니라 "그리스도를 경외하는 마음이 있으면 복종하라"이다. 자기 할 일만 하면 된다. 남편이 남편답지 않아도 아내는 아내다워야 한다. 왜 그렇게 해야 하느냐 하면, 그리스도께서 그리스도다우시기 때문이다.

"계속 복종했더니 남편이 감동해서 사랑꾼이 되더라"라는 말을 할 수 있으면 얼마나 좋을까? 듣는 사람마다 부러워할 것이다. 하지만 그렇지 않더라도 복종하는 것 자체가 책임이다. 아내한테 왜 이처럼 과도하게 보이는 요구를 하느냐 하면, 그리스도와 교회의 관계를 설명하기 위해서 그렇다. 아내한테 교회의 배역을 맡긴 것이다. 그리스도를 경외하는 마음이 있으면 맡은 배역을 수행해야 한다.

남편도 할 일이 있다. 과연 아내가 남편에게 복종하기를 주께 하듯 하는지 감시하는 일을 하고 싶겠지만 일단 그 일은 아니다. 남편은 아내를 사랑해야 한다. 어떻게 사랑해야 하느냐 하면, 그리스도께서 교회를 사랑하신 것처럼 사랑해야 한다. 그리스도는 교회를 위하여 자신을 주셨다. 남편이 아내를 그렇게 사랑해야 한다.

그리스도는 죽을 각오로 교회를 사랑하지 않았다. 정말로 죽었다. 성경이 같은 사랑을 남편한테 요구한다. 아내가 남편을 교회가 주를 대하듯 해야 하는 것처럼 남편은 아내를 그리스도가 교회를 대하듯 해야 한다.

수년 전에 청년회 성경 공부를 인도하는 중에 마침 본문이 나왔다. 한 청년이 물었다. "그러니까 누가 이익이에요?" 아내는 남편한테 복종해야 하고 남편은 아내를 죽기까지 사랑해야 한다면, 누가 더 사랑하고 누가 더 사랑을 받느냐는 뜻이다.

그런 것이 왜 궁금할까? 성경이 하는 얘기는 "아내들이여 남편에게 복종하기를 주께 하듯 하라", "남편들아 아내 사랑하기를 그리스도께서 교회를 사랑하시고 그 교회를 위하여 자신을 주심같이 하라"가 전부다. 그 말씀대로 하면 그만이다. 공연히 대차대조표를 작성할 이유가 없다. 칼뱅(John Calvin, 1509-1564)이 말한 것처럼 경건에 관계없는 모든 호기심은 해롭다.

남편이 할 일은 아내 사랑하기를 그리스도께서 교회를 위하여 자신을 주심같이 하는 일이다. 그리스도가 교회를 위하여 죽은 것처럼 남편은 아내를 위하여 죽어야 한다. 그리스도께서 그렇게 하신 이유가 있다. "이는 곧 물로 씻어 말씀으로 깨끗하게 하사 거룩하게 하시고 자기 앞에 영광스러운 교회로 세우사 타나 주름 잡힌 것이나 이런 것들이 없이 거룩하고 흠이 없게 하려 하심이라” 때문이다.

예수를 믿으면 구원 얻는다고 한다. 구원을 얻은 다음에는 무엇을 해야 할까? 구원 얻은 다음에는 구원 얻은 사람다워져야 한다. 본문에서는 그것을 ‘영광스러운 교회’로 표현했다. 그리스도가 영광스러운 분인 것처럼 교회도 영광스럽게 변모되어야 한다. 그리스도에게 아무런 타나 주름 잡힌 것이 없는 것처럼 교회 역시 그래야 한다.

남편은 아내를 사랑하되 자기 자신처럼 사랑해야 한다. 그것은 마치 그리스도께서 교회를 영광스럽게 하려는 것과 같다. 그러면 그리스도와 교회가 서로 남이라는 얘기일까, 남이 아니라는 얘기일까? 그리스도와 교회는 남일 수 없다. 그리스도가 교회의 머리이고, 교회가 그의 몸이기 때문이다. 그리스도와 교회가 한 몸이다. 그리고 그리스도는 이미 영광스러운 분이다. 남은 일은 교회가 그리스도만큼 영광스럽게 되는 일이다. 그렇게 해서 진정한 한 몸을 이루어야 한다.

앞에서 남편한테 복종하기를 주께 하듯 하는 것이 아내의 책임이라고 했다. 남편은 아내 위에 군림할 권리가 있다는 얘기가 아니다. 남편 역시 맡은 책임이 있다. 남편은 아내로 하여금 “이는 곧 물로 씻어 말씀으로 깨끗하게 하사 거룩하게 하시고 자기 앞에 영광스러운 교회로 세우사 타나 주름 잡힌 것이나 이런 것들이 없이 거룩하고 흠이 없게 하려 하심이라”가 이루어지게 해야 한다. 아내가 주께 하듯 남편에게 복종하면 그것으로 그렇게 되어야 한다. 그것이 남편이 아내를 자기 자신처럼 사랑하는 것이다. 그리스도께서 교회를 위하여 자신을 주신 것처럼 남편은 그 일을 위해서 자신을 주어야 한다.

모든 사람이 행복을 원한다. 그런데 실제로 행복하다는 사람은 드물다. 행복은 쫓아간다고 해서 얻을 수 있는 것이 아니기 때문이다. 예수님이 "의에 주리고 목마른 자는 복이 있나니 그들이 배부를 것임이요"(마 5:6)라고 하셨다. 만족을 구하는 사람이 만족을 누리는 것이 아니라 의를 구하는 사람이 만족을 누린다. 행복은 행복 자체를 추구해서 얻는 것이 아니라 행복을 넘어서는 다른 가치(거룩)를 추구할 때 덤으로 누리는 것이다. 하나님이 우리를 행복을 위해서 지으시지 않고 거룩을 위해서 지으셨기 때문이다. "내가 거룩하니 너희도 거룩할지어다"(레 11:45)라는 말씀은 있어도 "내가 행복하니 너희도 행복할지어다"라는 말씀은 없다. 행복은 거룩의 부산물이다. 하나님이 창조주이고 우리는 하나님의 피조물이니 우리의 모든 것이 하나님과의 관계에서 비롯된다.

결혼을 하는 청년이 있었다. 악수를 건네며 말했다.

"축하한다. 예수 잘 믿어라."

옆에 있던 다른 청년이 끼어들었다.

"와! 목사님, 이런 자리에서도 예수 잘 믿으라고 하세요?"

"그럼 뭐라고 해야 하는데?"

"오늘 결혼하잖아요. 행복하게 살라고 해야죠."

"사람의 제일 된 목적이 뭔데?"

"그런 얘기를 결혼식장에서 하면 어떡해요?"

"그럼 어디서 해?"

"……"

대체 무엇이 문제일까? 아니, 왜 이렇게 되었을까? 사람의 제일 된 목적이 하나님의 영광이라는 사실은 새 신자 빼고는 다 안다. 그런데 알기만 한다. 어디까지나 세례문답용이지, 생활용은 아니다. 마치 구구단을 학교에서 시험 볼 때만 쓰고 편의점에서 물건 살 때는 쓰지 않는 꼴이다. 그러면 세례문답 때 사람의 제일 된 목적을 하나님의 영광이라고 대답하는 사람이 세상을 살아가는 진짜 목적은 무엇일까? "시험 볼 때 5×6이 30인 것은 알지만 편의점에서 그게 통하느냐?"라는 사람에게 무슨 말을 하면 좋겠느냐는 뜻이다.

혼인의 요체는 행복이 아니고 거룩이다. 남편은 그리스도의 배역을 수행하고 아내는 교회의 배역을 수행해서 하나님이 창세전부터 예비하신 신령한 복을 누리는 것을 연습해야 한다. 아내가 남편한테 교회의 모습을 보여 줄 책임이 있다면 남편은 아내한테 그리스도의 모습을 보여 줄 책임이 있다.

명심해야 할 사실이 있다. 본문이 말하는 내용은 "너희는 이렇게 알콩달콩 깨 볶으며 살아라"가 아니다. 결론이 "이 비밀이 크도다 나는 그리스도와 교회에 대하여 말하노라"이다. 지금까지 남편과 아내를 말한 이유는 그것이 그리스도와 교회의 관계이기 때문이다.

 동성애를 말하다

본문의 궁극적인 관심이 남편과 아내한테 있지 않고 남편과 아내를 통해서 나타나는 그리스도와 교회에 있다. 그리고 그것을 비밀이라고 한다.

비밀에는 두 가지가 있다. secret와 mystery다. secret은 감춰져서 모르는 것이고 mystery는 봐도 모르는 것이다. 주먹을 쥔 손에 뭔가를 숨기면 secret이다. 손을 펴면 알 수 있다. 반면 mystery는 보고 있으면서도 그것이 무엇인지 모르는 것이다. 본문에는 mystery에 해당하는 헬라어 '뮈스테리온'($\mu\upsilon\sigma\tau\eta\rho\iota\upsilon\nu$)이 쓰였다. 남편과 아내가 그리스도와 교회를 예표한다는 사실을 누가 알겠는가? 금슬 좋은 부부도 모르고, 백년을 해로해도 모르고, 부부의 아이큐가 합산 300이 넘어도 모른다. 바울이 바로 그런 얘기를 하고 있다. 하나님의 영이 깨닫게 해주지 않으면 이런 진리를 누가 알겠는가? 한 남자와 한 여자가 만나 부부로 살아가는 것이 그만큼 불가사의한 일이다.

토론을 위한 질문

1) 성경은 거룩을 말하는데 사람들은 주로 형통에 관심을 갖습니다. 결혼에 있어서도 마찬가지입니다. 그러면 하나님은 우리에게 어떤 분일까요? 우리는 하나님께 어떤 것을 기대하고 있을까요?

2) 남편은 아내에게 그리스도를 보여 줄 책임이 있고 아내는 남편에게 교회의 모습을 보여 줄 책임이 있습니다. 성경의 요구는 우리가 평소에 아무런 책임 의식을 느끼지 않는 영역을 포함하는 셈입니다. 우리한테 당장 고쳐야 할 것이 있다면 어떤 것일까요?

3) 사람의 제일 된 목적은 하나님을 영화롭게 하고 영원토록 그를 즐거워하는 것입니다. 그래서 지금 어떻게 살고 있습니까? 그 사실이 실제 삶과 어떻게 연결됩니까?

둘이 하나인 구원

예수를 믿으면 구원 얻는다고 한다. 구원이 무엇일까? 주일학교 학생들한테 물으면 지옥에 안 가고 천국에 가는 것이라고 대답할 것 같다. 예수님이 우리 죗값을 치르셨으니 지옥에 안 가는 것도 맞고, 하나님의 영이 우리와 함께 계시니 천국에 가는 것도 맞다. 하지만 구원은 그처럼 단순한 개념이 아니다. 하나님께서 하늘에 속한 모든 신령한 복을 주시려고 창세전에 우리를 택하셨는데, 하늘에 속한 모든 신령한 복이 고작해야 지옥에 안 가고 천국에 가는 것일 수는 없다. 성경은 구원을 그리스도와의 합일(合一)로 얘기한다. 우리가 그리스도처럼 되는 것이 구원이다. 그리스도와 교회를 한 몸이라고 하는 얘기가 그렇다. '나'와 '남'의 구별이 없다.

전에 살던 동네에 제법 유명한 냉면집이 있었다. 여름이면 사람들이 길가에까지 길게 줄을 서곤 했다. 주일에 영업을 하지 않는 집이 더러 있는데, 그 집은 목사에게 돈을 받지 않았다. 한번은 친구들과 같이 가면서 "절대 목사 티 내면 안 된다. 서로를 부르는 호칭 조심하자." 하고, 미리 당부를 했다. 그런데 종업원이 낌새를 차리고 말았다. 거의 다 먹을 무렵에 다가와서 물었다.

"목사님 계시죠? 몇 분이세요?"

"아뇨! 목사 없는데, 왜요?"

"그러지 말고 말씀해 주세요. 몇 분이세요?"

그때 우리 일행이 열 명이었다. 두 명이나 세 명이 목사면 말씀드리겠는데 열 명이 다 목사라는 말을 어떻게 한단 말인가? 차마 얘기하지 못해서 실랑이를 벌이는 중에 한 친구가 중재했다. "그냥 말씀드려. 뭐 어때? 감사한 일이지. 저기요, 세 명이 목사입니다."

그 말을 들은 종업원이 계산서에 표시를 했다. 종업원이 자리를 뜨자, 한 친구가 나지막한 소리로 물었다. "누구까지 목사야? 누구부터 잘렸어?"

목사 열 명이 냉면을 먹었는데 세 명분은 계산을 안 하고 일곱 명분만 계산했다. 그중에 누구는 목사로 치고, 누구는 목사로 치지 않았는지 어떻게 구별할까? 성경이 그런 얘기를 하고 있다. 어디가 그리스도이고 어디가 교회인지 분별이 안 되어야 한다는 것이다. 흔히 부부를 일심동체라고 하는데, 부부 사이에는 어디에서 어디까지는 남편이고 어디에서 어디까지는 아내라는 구분이 없어야 한다. 그리스도와 교회가 바로 그렇다.

본래 그리스도는 하나님과 더불어 하늘 보좌에 앉아 계신 분이다.

영광과 존귀와 권세가 하나님과 동등하다. 그런 그리스도께서 성부 하나님을 떠나서 교회와 한 몸을 이루셨다. 그리스도께서 우리처럼 되신 것이다. 이제는 우리가 그리스도처럼 되어야 한다. 그렇게 해서 구원을 이루어야 한다. 하나님께서 우리를 위하여 창세전에 세우신 계획이 그렇다.

하나님이 이 세상을 만들었으니 이 세상에는 하나님의 손길을 느낄 수 있는 단서가 더러 있다. 대표적인 것이 부모가 자식을 사랑하는 마음이다. 하나님이 우리를 대하는 마음이 우리한테 스며 있는데, 그것이 부모가 자식을 대하는 마음이다.

"짐승도 새끼를 사랑한다. 그것은 자연적인 본능 아니냐?"라고 할 수도 있겠지만, 그렇지 않다. 짐승의 모성애는 본능이 맞다. 그런 본능이 없으면 종족 보존이 안 된다. 즉, 종족 보존을 위해서 하나님께서 그렇게 만드신 것이다.

그런 짐승의 모성애는 새끼가 독립할 때가 되면 더 이상 작용하지 않는다. 초등학교 때 집에서 개를 길렀는데, 새끼가 어릴 적에는 밥을 먹다가도 젖을 물리더니 새끼가 어느 정도 자란 다음에는 먹이를 놓고 으르렁대는 것을 본 기억이 있다. 사람의 모성애와 전혀 다르다. 사람한테만 하나님의 DNA가 있는 것이다.

마찬가지로 성자 예수님이 성부 하나님을 떠나서 교회를 그의 신부로 삼는 것을 보여 주는 그림자도 있다. 사람이 부모를 떠나 그의 아내와 합하여 둘이 한 몸을 이루는 것이다. 그래서 "이 비밀이 크도다 나는 그리스도와 교회에 대하여 말하노라"라고 했다. 남편과 아내가 그만큼 놀라운 관계다.

나는 연애편지를 제법 많이 썼다. 다 모으면 라면 박스로 하나가 된다. 고향이 제주도인데 대학은 서울에서 다녔으니 연애를 편지로 한 셈이다. 군대에서는 입대한 다음날부터 제대하는 날까지 거짓말 조금 보태서 하루도 빠짐없이 편지를 쓰기도 했다. 거짓말을 조금 보탠 이유는 편지를 쓰는 것이 불가능한 대기병 기간이 있었기 때문이다. 그렇게 많은 편지를 쓰면서도 문장력의 빈곤을 느껴본 적은 없다. 편지지 서너 장은 금방 채우고, 마음만 먹으면 스무 장이나 서른 장도 채웠다.

목회를 시작한 다음부터는 사정이 달라졌다. 설교 원고를 쓸 때마다 문장력의 빈곤을 느낀다. 어쩌다 가끔 느끼는 것이 아니라 날이면 날마다 느낀다. 머릿속에서 맴도는 상념들이 도통 글로 정리가 안 되고, 어찌어찌 글로 정리해도 마음에 안 든다.

남편과 아내가 한 몸인 것처럼 그리스도와 교회가 한 몸이라는 사실을 어떻게 하면 실감 나게 설명할 수 있을까? 사람이 부모를 떠나 아내와 합하여 둘이 한 몸을 이루는 것처럼 성자 예수님이 성부 하나님을 떠나 우리와 더불어 한 몸을 이룬다는 사실이 납득이 되는가? 예수님이 우리를 얼마나 대단한 존재로 대한다는 뜻이고, 우리가 얼마나 굉장한 존재가 된다는 뜻일까?

신라 33대 성덕왕 이름이 융기였다. 마침 당나라 현종도 융기였다. 사신이 와서 어떻게 감히 대국 황제와 같은 이름을 쓰느냐고 질타했다. 하릴없이 이름을 홍광으로 고쳤다. 비슷한 사례가 또 있다. 혹시 왕후라는 이름을 들어 보았는가? 그의 자가 의천이다. 왕후라는 본명은 들어 본 적이 없어도 대각국사 의천은 들어 보았을 것이다. 해동 천태종을 세웠고 화폐 주조를 건의하기도 했다. 왕후는 고려 11대 문종의 4남이다. 공교롭게도 송나라 철종 이름도 후였다. 그래서 본명인 후를 못 쓰고 의천이라는 자를 썼다. 송나라 철종 이름이 후가 아니었으면 우리는 대각국사 의천이 아닌 대각국사 왕후를 알고 있을 것이다.

세상 법도가 이렇다. 세상에서는 자기 그림자도 밟지 못하게 하는 것으로 자기의 권위를 내세우는 법이다. 오죽하면 당태종 이세민은 관세음보살도 관음보살로 바꿨다. 5공 정권 때는 대통령과 닮았다는 이유로 출연을 금지당한 연예인도 있었다.

우리가 그리스도인이라고 불리는 것은 어떻게 된 영문일까? 그리스도가 정말로 하나님의 아들이면 우리한테 그, 리, 스, 도, 네 글자를 아예 입에 올리지 못하게 해야 하는 것 아닐까? 그런데 오히려 그리스도라는 이름을 통째로 우리한테 주셨다. 우리를 그리스도인으로 칭함 받게 하셨다. 그리스도인은 그리스도의 사람이라는 뜻이다. 기독교의 가르침에 어렴풋이 영향을 받은 사람이 아니라 그리스도가 곧 정체성인 사람을 말한다. 그의 신분이 그리스도에 의해서 결정되는 사람이다.

지금은 여자도 사회 진출이 활발하지만 한동안 여자의 지위는 남자에 의해 결정되곤 했다. 남편이 사장이면 아내도 사장 대접을 받았고, 남편이 부장이면 아내도 부장 대접을 받았다. 군대에서 특히 심했다고 한다. 남편이 소령이면 아내도 소령이고, 남편이 중사면 아내도 중사다. 남편 계급이 곧 아내 계급이었다. 그리스도인의 신분이 그리스도에 의해서 결정된다는 얘기가 그런 뜻이다.

거듭 말하거니와 그리스도와 우리가 한 몸이다. 사람이 부모를 떠나 그의 아내와 합하여 둘이 한 몸을 이루는 것처럼 성자 예수님이 성부 하나님을 떠나 우리와 한 몸을 이루었다.

천주교 여형규 신부가 결혼을 두 번째 출생에 비유하면서 첫 번째 출생보다 두 번째 출생이 더 중요한 세 가지 이유를 꼽았다. 우선 첫 번째 출생은 자신에게 선택권이 없지만 두 번째 출생은 자신의 선택 사항이기 때문이다. 또 인간의 수명으로 볼 때 첫 번째 출생 기간 보다 두 번째 출생 기간이 월등하게 길기 때문이다. 마지막으로는 첫 번째 출생 기간에는 자신의 권리를 누리기만 하면 되지만, 두 번째 출생 이후에는 상대에 대한 책임과 의무를 다해야 하기 때문이다.

일리 있는 주장이다. 그런데 빠진 것이 있다. 결혼이 중요한 이유는 우리에게 구원의 신비를 보여 주기 때문이다. 결혼의 궁극적인 의미가 결혼 자체에 있지 않다. 두 번째 출생 이후에는 상대에 대한 책임과 의무를 다해야 하는데, 그리스도와 교회의 관계를 보여 줄 책임과 의무가 당연히 포함되어야 한다.

바울이 에베소교회에 편지를 쓰면서 "교회는 그의 몸이니 만물 안에서 만물을 충만하게 하시는 이의 충만함이니라"(엡 1:23)라고 했다. 만물 안에서 만물을 충만하게 하시는 이는 예수님이다. 즉 교회가 예수님의 충만함이라는 것이다. 예수님은 홀로 충만하신 분이다. 무엇이 부족하거나 모자란 분이 아니다. 그런데도 교회로 예수님의 충만함을 삼으신다. 교회가 아니면 예수님은 충만하지 않기로 하셨다. 다른 말로 하면, 우리가 예수님의 존재 의의다. 예수님은 우리가 없으면 존재하지 않기로 작정하셨다. 커플 사이에 "난 너 없으면 아무것도 아냐"라는 '닭살 멘트'를 주고받을 수 있는데, 우리가 예수님께 그런 존재다.

이런 엄청난 사건을 보여 주는 그림자가 남편과 아내다. 한 남자와 한 여자가 만나서 부부를 이루어 사는 것이 세상에서 보기에는 지극히 일상적인 일이다. 하나님께서는 그 일상적인 일을 통해서 그리스도와 교회의 비밀을 보여 주신다. 우리가 가정에서 보내는 하루하루가 하늘나라와 연결되어 있다는 사실이 다시금 놀랍다. 그 사실을 감안하면 우리는 매사에 더 진지해질 필요가 있다.

결혼에 담긴 의미가 그렇다면 노아 홍수 직전의 세상 상황이나 가나안에 들어간 이스라엘의 처신을 설명하면서 신앙과 유리된 결혼을 예로 든 것이 납득이 된다. 결혼은 마음에 드는 사람을 택해서 아들딸 낳고 살면 되는 것이 아니라 그리스도와 교회의 관계를 보여 줄 수 있어야 한다. 결혼이 중요한 이유는 결혼 때문이 아니다. 그런

데 당시 사람들은 결혼을 정욕의 기회로 삼았다. 하나를 보면 열을
아는 법이다. 구원의 신비를 보여 주어야 할 결혼이 그렇다면 다른
것은 새삼스럽게 거론할 이유가 없다.

 동성애를 말하다

토론을 위한 질문

1) 우리를 구원하기 위해서 그리스도께서 우리처럼 되셨습니다. 그러면 이제 우리가 그리스도처럼 될 차례입니다. 그 일을 위해서 제일 먼저 해야 할 일이 어떤 일일까요?

2) 그리스도인은 그리스도가 그 정체성인 사람입니다. 우리한테서는 그 정체성이 어떻게 나타나고 있을까요? 혹시 그 정체성이 나타나지 않는 순간이 있다면 어떤 때일까요?

3) 결혼을 했다는 얘기는 그리스도와 교회의 관계를 보여줄 책임과 의무가 생겼다는 뜻입니다. 그 책임과 의무를 위해서 가장 먼저 해야 할 일이 어떤 일일까요?

결혼과 성

결혼에는 성관계가 따르게 마련이다. 요즘도 결혼해야 어른이라는 말을 하는지 모르겠는데, 예전에는 그런 말을 많이 했다. 결혼을 해야 가정을 꾸리게 되고, 가정이 있어야 모든 면에서 책임감이 생기기 때문에 하는 말이 아니다. 어른은 '얼우다'에서 나온 말인데, '얼우다'는 '성교하다'의 고어다. 결혼을 하면 성교를 하니 어른이 맞다.

하나님이 여섯째 날에 각종 짐승을 종류대로 만드셨는데, 암컷과 수컷을 어떻게 만드셨을까? 설마 코끼리 수컷 갈비뼈로 코끼리 암컷을 만들고, 호랑이 수컷 갈비뼈로 호랑이 암컷을 만드셨을까? 그렇게 생각되지는 않는다. 암컷과 수컷을 따로 만드셨을 것이다. 사람은 안 그렇다. 아담의 갈비뼈로 하와를 만드셨다. 짐승의 암수는 애초부터 서로 다른 몸으로 시작했지만 남자와 여자는 본디 같은 몸이었다.

하나님이 아담의 갈비뼈로 하와를 만드시고는 아담에게 이끌어

동성애를 말하다

왔을 적에 아담이 "이는 내 뼈 중의 뼈요 살 중의 살이라 이것을 남자에게서 취하였은즉 여자라 부르리라"(창 2:23)라고 했다. 이어서 "이러므로 남자가 부모를 떠나 그의 아내와 합하여 둘이 한 몸을 이룰지로다"(창 2:24)라는 말이 나온다. '이러므로'가 왜 있을까? 앞의 내용과 연결하면 "아담과 하와가 이렇게 해서 존재하게 되었으므로"라는 뜻이다. 그렇기 때문에 다시 합하는 것이다. 원래 하나였다가 분리되었는데 결혼으로 다시 하나가 된다. 둘은 더 이상 다른 몸이 아니다.

예루살렘에 온 에스라가 충격적인 소식을 듣는다. 이스라엘이 이방 족속과 연혼한다는 것이었다. 그 이스라엘은 에스라보다 먼저 바벨론 포로에서 돌아온 사람들의 후손이다. 이스라엘의 포로 귀환은 세 차례 있었는데 주전 538년에 스룹바벨의 인도로 1차 귀환, 주전 458년에 에스라의 인도로 2차 귀환, 주전 444년에 느헤미야의 인도로 3차 귀환이 그것이다.

에스라가 그 문제를 바로잡는다. 이방 여인과 결혼한 사람을 조사해서 다 내보내게 한 것이다. 일찍이 하나님께서 이스라엘을 가나안으로 인도하실 적에 가나안 원주민의 소행을 본받지 말라고 신신당부하셨다. 이스라엘의 딸을 그들의 아들에게 주지 말고, 그들의 딸을 며느리로 삼지 말라고 하셨다. 그런데 번번이 그 말씀을 어기더니 결국 나라가 망했다. 그래서 바벨론 포로로 끌려갔는데, 돌아와서는 또 이방 족속과 연혼하는 것이 무슨 경우란 말인가?

하지만 여기에 담긴 의미는 그 정도가 아니다. 민수기 31장에 이스라엘이 미디안을 정벌하는 내용이 나온다. 그때 이스라엘은 미디안 모든 남자는 물론이고 남자와 동침한 여자도 다 죽였다. 남자와 동침한 적이 없는 여자만 살려서 원하는 자로 하여금 아내를 삼게 했다. 처녀성이 중요하다는 얘기가 아니다. 남자와 동침한 여자는 곧 그 남자와 한 몸으로 간주한다는 뜻이다. 그래서 에스라가 그 문제를 바로잡은 것이다. 이스라엘이 이방과 한 몸이 되는 일은 절대 있으면 안 되기 때문이다.

나는 시골에서 자랐다. 어렸을 적에 앞집 누렁이와 옆집 멍멍이가 짝짓기를 하는 모습을 한두 번 본 것이 아니다. 그렇다고 해서 "저 두 마리는 이제 한 몸이 되었다"라고 하지 않았다. 한 몸은 사람에게만 통용되는 말이다. 하나님께서 유독 사람에게만 부부가 한 몸을 이루게 하셨다. 그것이 구원의 신비에 대한 그림자이기 때문이다.

사람과 동물의 차이가 어디에 있을까? 동물에게는 없고 사람에게만 있는 것이 두 가지 있다. 사람과 동물의 경계를 나누는 가장 뚜렷한 특징이 두 가지라는 뜻인데, 하나는 누구나 금방 알아차릴 수 있을 것이다. 바로 영혼이다. 영혼은 사람에게만 있고 동물에게는 없다. 사람에게는 절대자의 존재나 영원에 대한 감각이 있다. 아프리카 밀림이나 아마존 오지에서 문명의 혜택을 전혀 받지 못한 채 고립되어 살아가는 종족이라도 나름대로의 종교 의식을 행한다. 누군가에게 배운 것이 아니라 본성적으로 그렇게 하는 것이다. 하지만 동물 중에서 비교적 지능이 높다고 하는 개나 침팬지, 물개, 돌고래를 아무리 훈련시켜도 예배를 드리게 할 수는 없다. 예배하는 동작을 흉내 내게 할 수는 있어도 예배하는 것과 예배하는 동작을 취하는 것은 엄연히 다르다. 영혼의 유무는 사람과 동물을 구별하는 가장 명쾌한 특징이다.

다른 하나는 무엇일까? 어쨌든 영혼만큼 사람과 동물을 뚜렷하게 구별 짓는 것이어야 할 텐데, 엉뚱하게도 처녀막이다. 영혼이 사람에게만 있는 것처럼 처녀막도 사람에게만 있다. 부부가 잠자리를 갖는 것은 짐승이 교미를 하는 것과 전혀 차원이 다른 일이라는 뜻이다. 일단 표현하는 단어가 다르다. 사람의 경우에는 성교, 성행위, 성관계라고 하는데 동물의 경우에는 교미, 교접, 짝짓기, 흘레라고 한다. 이런 차이가 우리말에만 있는 것이 아니다. 영어의 경우 사람에게는 have sex나 making love를 쓰고, 짐승에게는 mating을 쓴다. 헬라어도 기노스코($\gamma\iota\nu\omega\sigma\kappa\omega$), 코이테($\kappa o\iota\tau\eta$), 포르네이아($\pi o\rho\nu\epsilon\iota\alpha$)는 사람에게 쓰고, 바튜오($\beta\alpha\tau\epsilon\upsilon\omega$)는 짐승에게 쓴다. 히브리어도 그렇다. 야다(ידע), 샤카브(שכב)는 사람에게 쓰고, 라바(רבע)는 짐승에게 쓴다.

표현하는 단어가 다른 것은 그 의미가 다르기 때문이다. 짐승의 교미는 종족 보존을 위한 본능이다. 하지만 사람은 교제의 성격이 훨씬 강하다. 두 인격의 완전한 결합이 부부간의 성관계로 나타난다. 흔히 둘이 한 몸이 된다고 하는데, 정말로 그렇다.

사랑에는 만족이 없는 법이다. "이만하면 됐다"가 없다. 남녀가 조조할인 영화를 보는 이유는 관람료가 싸기 때문이 아니라 아침 일찍부터 만나서 오랜 시간 같이 있기 위한 것이다. 그렇게 종일 함께 있다가 저녁 늦은 시간이 되면 헤어지는데, 버스가 왔다고 해서 금방 타지 않는다. 두 대나 세 대 정도는 그냥 보낸다. 버스를 탄 다음에는 바로 문자 메시지를 주고받는다. 집에 가면 또 통화를 한다. 용건이 있어서 통화를 하는 것이 아니다. 통화를 하는 것 자체가 목적이다. 사랑하는 사이에는 헤어져 있는 순간이 고통이기 때문이다. 사랑하는 사이가 되면 모든 시간이 둘로 구별된다. 같이 있는 시간과 그리워하는 시간이다. 그래서 늘 함께 있으려고 한다. 같은 공간에만 있으면 되는 것이 아니다. 가급적 밀착해서 붙어 있으려고 한다. 그렇게 해서 궁극적으로는 완전한 합일을 지향한다. 그것이 부부 관계로 나타난다. 둘 사이에 조금이라도 공백이 있으면 안 된다.

성경은 어떻게 얘기할까? 바울이 고린도교회에 편지를 쓰면서 남편은 그 아내에 대한 의무를 다하고 아내도 그 남편에게 그렇게 하라고 했다(고전 7:3). 아내 몸은 남편이 주장하는 것이 옳고, 남편 몸은 아내가 주장하는 것이 옳다. 부부 관계가 서로를 위한 섬김이라는 것이다. 자기 몸이라고 해서 자기 것이 아니다. 어디까지나 상대방을 위해서 존재한다. 남편이 원하면 아내는 기꺼이 응해야 하고, 아내가 원할 때 남편 또한 그래야 한다. 배우자의 만족이 자기에게도 기쁨이다.

우리는 이런 말을 듣고 아무렇지 않게 고개를 끄덕인다. 동의하지

   동성애를 말하다

않을 이유가 없다. 하지만 바울이 이 내용을 쓴 것은 지금으로부터 2,000년 전이다. 당시 로마 제국 남자들은 가정에 구애됨 없이 성적인 방종을 즐겼다. 반면 여자들에게는 엄격한 정절을 요구했다. 그런 이중 잣대가 아무렇지 않게 통용되던 시대에 남편과 아내에게 동일한 의무를 부과한 것이다. 바울이 에베소교회에 편지하면서 "너희가 전에는 어둠이더니 이제는 주 안에서 빛이라 빛의 자녀들처럼 행하라"(엡 5:8)라고 했는데, 빛의 자녀들처럼 행해야 하는 목록에 부부 관계 역시 포함되었다는 뜻이다. "에이, 설마 그렇게까지?" 싶은가?

십계명 중에 다섯 번째 계명이 "네 부모를 공경하라"이다. 부모 공경은 교회 밖에서도 가치를 인정한다. 우리나라에 어버이날이 있는 것처럼 미국, 영국, 프랑스, 이탈리아, 일본, 중국, 태국, 인도, 네팔 등의 나라에는 어머니날, 아버지날이 있다. 그런 부모 공경이 우리에게는 신앙 덕목이기도 하다. 세상에서는 부모를 공경하면 효도한다는 말을 듣는 것으로 끝이지만 우리는 효도한다는 말을 듣는 것은 물론이고, 그것으로 하나님께 점수도 딸 수 있다.

부부 관계도 그렇다. 결혼한 남녀가 같이 잠자리를 갖는 것은 어디에서나 똑같다. 교회 밖에서도 부부 관계를 통해서 "부부싸움은 칼로 물 베기"라는 속담을 체험할 수 있다. 그런데 우리는 그런 행위를 통해서 구원의 의미를 되새기는 특권을 누린다. 부부가 한 몸인 것처럼 우리는 장차 그리스도와 한 몸을 이룰 사람들이다.

토론을 위한 질문

1) 남녀가 잠자리를 같이한다는 얘기는 둘이 한 몸이 된다는 뜻입니다. 이제부터는 남이 아닌 것은 물론이고, 평생 운명을 같이하게 됩니다. 이런 점에서 작금의 성 개방 풍조는 사뭇 개탄스럽습니다. 이런 풍조를 거스르기 위해서 우리가 할 수 있는 일이 어떤 일일까요?

2) 사람과 동물은 영혼의 유무와 잠자리의 의미에서 그 차이가 뚜렷하게 갈립니다. 영혼의 유무는 고정되었지만 잠자리의 의미는 아는 사람만 압니다. 그 의미를 고취할 수 있는 방안이 어떤 게 있을까요?

3) 사랑하는 사이에는 떨어져 있는 순간이 곧 고통이 됩니다. 그래서 늘 연결되어 있으려고 합니다. 데이트가 끝나도 문자 메시지를 주고받고, 밤새 통화를 하는 것이 그런 이유 때문입니다. 우리가 주님에 대해서도 그런 감정을 갖고 있을까요?

부부 관계의 비밀

수년 전, 고등학교 동창 모임에 갔을 때의 일이다. 한 친구가 나를 보고는 "와! 성직자께서 오셨네."라고 하며 악수를 청하자, 옆에 있던 다른 친구가 말했다.

"목사가 무슨 성직자냐? 목사는 결혼하잖아. 신부가 진짜 성직자지."

"신부는 술, 담배 하잖아."

"술, 담배 안 하는 게 쉬울 것 같아? 평생 결혼 안 하고 혼자 사는 게 쉬울 것 같아? 너 같으면 어떻게 할래?"

난데없는 성직자 논쟁을 보며 혼자 속으로 생각했다. 사람들은 금욕의 연장선에 거룩이 있는 줄 아는 모양이다. 거룩한 삶을 살려면 인간의 본능적인 욕구를 극복해야 한다는 것이다.

옛날 우리 어머니들은 소원이 있으면 새벽마다 찬물로 목욕재계를 한 다음, 정화수를 떠 놓고 치성을 드렸다. 왜 찬물로 목욕재계를 했을까? 몸을 씻기 위해서라면 더운물이 더 효과적이다. 그런데 더운물로 목욕재계를 했다는 말은 들어 본 적이 없다. 목욕재계는 항상 찬물로 한다. 몸을 씻기 위한 것이 아니라 신에게 잘 보이기 위한 것이기 때문이다. 신에게 잘 보이려면 정성을 동원해야 하는데, 지극한 정성은 자기를 괴롭게 하는 것으로 나타난다. 그냥 기도하는 것보다 금식기도를 하면 하나님이 더 잘 들어 주실 것처럼 오해하는 것도 사람한테 있는 이런 본성 때문이다.

에밀레종 전설이 단적인 예다. 종을 만드는 쇳물에 어린아이를 넣었더니 종소리가 맑아졌다는 얘기가 가당키나 할까? 정말로 그랬으면 일종의 불순물이 들어간 것이니 종소리가 더 탁해져야 할 텐데 전설에서는 안 그렇다. 그렇게 해서 신비한 종소리를 내는 에밀레종이 탄생했다고 한다. 사실 여부와 관계없이 그런 내용이 사람들에게 설득력 있게 들린다는 뜻이다. 사람들에게는 신을 감동시키려면 정성을 동원해야 하고, 정성을 극대화하려면 자기를 괴롭게 해야 한다는 생각이 있는 것이다. 하물며 즐거움을 찾는 일은 절대 금물이다. 심마니들이 약초를 캐러 가기 전에 산신령에게 고사를 지내는데, 그냥 고사만 지내지 않는다. 고사 날짜가 정해지면 부부가 각방을 쓴다. 정성이 부족하면 부정 타기 때문이다.

과연 그럴까? 성행위가 거룩에 위배되는 것이면 하나님이 왜 남자와 여자를 만드셨을까?

이세종(1879-1942)은 1920년대에 기독교 신앙을 받아들인 우리나라

동성애를 말하다

초기 영성가다. 자신의 소유를 모두 처분해서 주변에 나눠줬을 뿐만 아니라 부부는 남매처럼 지내야 한다면서 각방을 썼다. 잠든 사이에 몰래 들어온 부인을 내쫓은 것이 한두 번이 아니었다.

이세종이 왜 그랬을까? 답은 뻔하다. 몰라서 그랬다. 하지만 열심 만큼은 인정해야 한다. 당시는 우리나라에 기독교가 전래된 초기 다. 신학이라고 할 만한 것이 없었다. 아는 것이라고는 '예수 천당 불신 지옥'뿐이었다. 그런 시절에 주님을 향한 남다른 열심으로 그 렇게 했으니 탓할 일은 아니다. 금욕과 경건을 연결하는 것이 사람 의 본성에 맞는 것을 어떻게 할까?

사람은 먹어야 살 수 있다. 그렇다고 해서 생존 자체를 위해서 먹 지는 않는다. 사람에게는 맛을 분별할 수 있는 능력이 있다. 하나님 이 사람을 그렇게 지으셨다. 맛있는 음식을 먹으며 즐거워하는 것은 창조 질서에 어울린다. 물론 제한이 없을 수는 없다. 하나님께서 주 신 자유를 누리는 정도가 지나쳐서 방종으로 이어지면 곤란하다. 예 컨대 로마 귀족들은 식도락을 즐기기 위해서 새의 깃털로 목구멍을 자극해서 먹은 것을 토한 다음 다시 먹었다고 하는데, 하나님께서 그런 방종까지 뿌듯하게 여기시지는 않을 것이다. 하지만 적정한 식 도락을 즐기는 것은 하나님 뜻에 어긋나지 않는다. 오히려 하나님께 서 흡족하게 여기실 것이다.

부부 관계 역시 그렇다. 가급적 삼가야 하는 부정한 행위가 절대 아니다. 중세 때만 해도 출산 목적 이외의 성관계는 잘못된 것으로 여겼다. 쾌락을 위해서 성관계를 갖는 것은 육체의 욕망에 굴복해서 그렇다는 것이다. 사순절, 대림절과 주요 축일(부활절, 성령강림절, 성탄절 등)에는 성관계가 금지되었고, 예수님이 배반당한 수요일, 예수님이 십자가에 달린 금요일, 성모 마리아를 기리는 토요일, 예수님이 부활하신 주일에도 금지되었다. 주요 절기가 아닌 월요일, 화요일, 목요일에만 허용되었으니 일 년 중 절반 이상의 기간에 성관계가 금지되었고, 다른 체위는 자연 질서에 어긋난다면서 정상위만 허용했다. 부부간의 일을 누가 알겠느냐고 하겠지만, 고해성사를 통해서 다 드러났다.

그런 식의 규제가 옳다면 여자의 몸에 음핵이 왜 있을까? 음핵은 다른 용도가 없다. 자극을 받아서 쾌락을 느끼는 것이 유일한 기능이다. 진화론자들은 진화의 산물이라고 하겠지만 우리는 그렇지 않은 것을 안다. 하나님께서 그렇게 만드셨다. "만물이 그로 말미암아 지은 바 되었으니 지은 것이 하나도 그가 없이는 된 것이 없느니라"(요 1:3)라는 구절을 구태여 인용해야 할까?

마이크 메이슨(Mike Mason, 1952-)이 그의 책 〈결혼의 신비〉에서 예배가 하나님과의 가장 깊은 친교라면 성행위는 부부의 가장 깊은 친교의 형태라고 했다. 부부 관계를 예배에 빗댄 것에 거부감을 느끼는 사람이 있을 수 있지만 일리가 있기도 하다. 예배는 찬양을 드리고 기도하고 말씀 듣고 성찬을 나누며 하나님과 하나가 되는 경지로 들어간다. 그런 것처럼 부부 관계에서 옷 벗는 것을 찬양에 비유

　　　　　　　　　　　　　　　　　　　　동성애를 말하다

하고, 기도는 헐떡임, 말씀은 대화, 성찬은 삽입에 비유했다. 이렇게 해서 부부가 합일(合一)의 경지에 이른다는 것이다. 예배에 임하는 자세가 적극적이어야 예배의 의미를 성취할 수 있는 것처럼 부부 관계도 마찬가지라고 했다. 수동적으로 드리는 예배가 예배일 수 없듯이 일방통행식 부부 관계는 부부 관계가 아니라는 것이다.

고 이어령 씨의 책에서 우리가 느끼는 오감(五感)과 그 대상의 거리를 설명한 내용을 읽은 적이 있다. 시각, 청각, 후각, 촉각, 미각 중에서 가장 멀리서 느낄 수 있는 것은 단연 시각이다. 우리 눈에는 무려 1억 5천만 km나 떨어진 태양도 보인다. 그다음이 청각이다. 우리 귀에는 하늘 높이 날아가는 비행기 소리도 들린다. 그다음은 후각이다. 방에 백합이 있으면 온 방에 향기가 가득하게 된다. 그다음 촉각이다. 손으로 만지려면 귀로 듣거나 냄새를 맡을 수 있는 것보다 훨씬 가까이에 있어야 한다. 가장 가까운 감각이 미각이다. 미각을 느끼려면 거리가 소멸되어야 한다. 미각을 느끼게 하는 대상이 자기 안에 들어와야 한다.

사과를 본다, 사과가 예쁘다, 사과가 향기롭다, 사과가 매끄럽다 같은 얘기는 전부 사과가 자기 밖의 대상으로 있다는 뜻이다. 하지만 사과가 맛있다고 하면, 이미 사과의 존재는 없어지고 사과와 내가 하나가 된 것이다. 이것이 성찬식의 의미이다. 우리는 성찬식을 통해서 우리가 그리스도와 한 몸임을 확인한다. 우리와 그리스도 사이에 아무런 경계가 없다. 이런 한 몸 됨의 신비가 부부 관계에서 나타나는 것이 우연일까?

성경은 그리스도가 교회의 머리이고 교회가 그리스도의 몸이라고 한다. 우리가 주님과 한 몸이다. 우리 구원의 완성을 어린양의 혼인 잔치로 얘기하기도 한다. 부부는 부부 관계를 통해서 한 몸을 이룬다. 수사학적 표현으로 한 몸을 이루는 것이 아니라 실제로 한 몸을 이룬다. 그리고 그때 상당히 큰 기쁨과 만족과 쾌락을 느끼게 되는데 그것이 우리가 주님과 한 몸을 이루는 것이 얼마나 큰 기쁨과 만족과 쾌락을 주는지를 보여 주는 그림자인 셈이다. 그렇다면 작금의 타락한 성 윤리의 배후에 누가 있는지 쉽게 짐작할 수 있다. 자기가 대체 누구와 한 몸이란 말인가? 이 사람과도 한 몸이고 저 사람과도 한 몸인 사람은 대체 어떤 사람일까?

단언하거니와 성행위는 남자와 여자를 위한 것이 아니라 남편과 아내를 위한 것이다. 세상에서 말하는 성행위는 남녀 생식기의 결합이지만 우리는 그렇지 않다. 우리는 서로가 서로의 몸에 참여하는 것으로 그리스도와 교회가 한 몸을 이루는 신비가 주는 만족과 기쁨을 미리 맛보는 것이다. 존 파이퍼는 그의 책 〈부부신학〉에서 "성적 쾌감은 다가올 내세에 우리가 그리스도와 더불어 누리게 될 측량할 수 없는 기쁨의 영광을 나타낸다"라고 했다.

실제로 성경은 성관계가 주는 즐거움을 누리라고 말한다. "너는 네 우물에서 물을 마시며 네 샘에서 흐르는 물을 마시라"(잠 5:15), "그는 사랑스러운 암사슴 같고 아름다운 암노루 같으니 너는 그의 품을

                                    동성애를 말하다

항상 족하게 여기며 그의 사랑을 항상 연모하라"(잠 5:19), "남편은 그 아내에 대한 의무를 다하고 아내도 그 남편에게 그렇게 할지라"(고전 7:3), "서로 분방하지 말라 다만 기도할 틈을 얻기 위하여 합의상 얼마 동안은 하되 다시 합하라"(고전 7:5a) 같은 구절이 전부 명령문으로 기록되어 있다. 하나님께서 부부를 위해 마련하신 즐거움을 적극적으로 누리는 것이 남편과 아내의 책임이며 의무인 셈이다. "성경에는 그렇게 되어 있지만 제 생각은 다릅니다"라고 말하는 것은 가능하지 않다. 명령에는 복종이 있을 뿐이다.

내가 쓴 책 중에 〈거룩한 에로스 아가〉라는 책이 있다. 그 책을 쓰면서 아가서 본문을 완곡하게 설명하느라 애를 먹었던 기억이 생생하다. 19금(禁)을 훌쩍 넘어서 29금(禁)이나 39금(禁)쯤 되는 본문 내용을 도무지 곧이곧대로 설명할 수가 없었다. 팀 켈러(Timothy Keller, 1950-2023) 목사가 그의 책 〈결혼을 말하다〉에서 구약 학자 트램퍼 롱맨(Tremper Longman, 1952-)의 말을 인용한 부분을 소개한다.

아가서 전반에서 여성의 역할은 입이 다물어지지 않을 정도이며, 그 기원이 아주 오래되었다는 사실을 감안하면 더욱 놀랍기만 하다. 아가서를 구성하는 시가들에서 처음부터 끝까지 지배적인 목소리를 내는 것은 남성이 아니라 여성이다. 아가서 5장 10-16절에서 여인은 자신의 신체적인 매력을 가감 없이 드러낸다. 번역가들은 이 구절을 옮기기를 주저한다. 히브리어

원문은 더없이 에로틱해서 대다수 역자들은 차마 의미를 명확하게 전하지 못한다. … 이것은 성교의 전주곡이다. 부끄러움도, 수치심도 없고 이불 속에서 벌어지는 역학적인 움직임만 있을 뿐이다. 둘은 잔뜩 들떠서 서로를 마주한다. 이성을 향한 수줍음은 없고 기쁨만 가득하다.

중요한 것일수록 가짜가 있는 법이다. 구원이 중요하니까 구원파 이단이 있고, 성령님의 사역이 중요하니까 이상한 은사 운동이 있고, 재림이 중요하니까 시한부 종말론이 있는 것이다. 하나님께서 우리에게 허락하신 구원을 설명하려고 결혼 제도를 만드셨고, 특히 부부 관계를 통해서 장차 우리가 누릴 만족과 행복, 기쁨을 미리 맛보게 하셨다. 사탄이 바보가 아닌 이상 그냥 있을 리가 없다. 남편과 아내에게 장차 누릴 구원 완성의 기쁨을 미리 맛보게 하신 부부 관계를 남자와 여자 사이의 성행위로 둔갑시킨 것은 참으로 사탄다운 전략이다.

수년 전, 월드컵 시즌 때의 일이다. 경기를 앞둔 선수들이 부인과 잠자리를 같이하는 문제에 대해서 각국 감독들이 인터뷰를 했다. 경기력에 방해가 된다면서 금한다는 감독도 있었고, 그런 문제로 스트레스를 받으면 그것이 오히려 경기력에 방해가 된다면서 찬성하는 감독도 있었다. 억지로 금욕을 강요하면 그것 때문에 경기력이 지장을 받는다면서 부인이든, 여자 친구든 잠자리를 같이하는 것에 반대하지 않는다는 감독도 있었다.

경기를 앞둔 선수가 부인과 잠자리를 같이하는 것이 경기력에 어떤 영향을 미치는지에 대해서는 아는 바가 없다. 축구와 더불어 평생을 보낸 각국의 국가 대표 감독들 사이에서도 의견이 갈리는데 내가 거기에 대해서 무슨 말을 하겠는가만, 결혼 전의 남녀가 잠자리를 구분하는 것을 '억지로 금욕을 강요하는 것'이라고 한 표현은 상당히 거북했다. 결혼 전의 남녀가 잠자리를 같이하지 않는 것은 정상인데 왜 금욕이라고 했을까?

별수 없다. 그 감독은 월드컵 경기에서 좋은 성적을 거두는 것을 최고의 가치로 여기는 사람이다. 오로지 경기력이 기준이다. 그런 사람에게 창조 질서가 어떻고, 결혼에 담긴 하나님의 뜻이 어떻다는 얘기를 해봐야 우이독경(牛耳讀經)에 마이동풍(馬耳東風)이다. 그것이 하나님 없이 세상을 살아가는 사람들의 단적인 모습이다. 자기가 원하는 것을 얻기 위해서 자기에게 있는 모든 것을 수단으로 동원한다. 우리가 그런 사람들에 둘러싸여 세상을 살고 있다. 정말 정신 바짝 차리고 예수 믿어야 한다. 자칫 세상 풍조에 떠밀려 바람에 나는 겨 신세가 될 수 있다.

1) 사람들에게는 신을 섬기려면 정성을 동원해야 한다는 생각이 있습니다. 그래야 신을 움직일 수 있다는 것입니다. 하지만 우리는 주님을 움직이려 들지 않고 오히려 순종하는 사람들입니다. 우리가 주님을 섬기는 일에 정성을 동원한다면, 어떤 정성을 동원할 수 있을까요?

2) 우리는 그리스도와 한 몸입니다. 우리한테 그리스도와 한 몸을 이루는 데 방해가 되는 것이 있다면 어떤 것일까요?

3) 중요한 것일수록 가짜가 있는 법입니다. 남편과 아내에게 장차 누릴 구원 완성의 기쁨을 미리 맛보게 하신 부부 관계를 남자와 여자 사이의 성행위로 둔갑시킨 것은 참으로 사탄다운 전략입니다. 그런 전략에 속지 않을 수 있는 방법으로는 어떤 게 있을까요?

성경은 말한다

로마서를 가리켜서 기독교 교리를 가장 잘 설명한 책이라고 한다. 바울이 그런 로마서에서 복음은 모든 믿는 자에게 구원을 주시는 하나님의 능력이라고 했다(롬 1:16). 믿는 자에게 구원이 주어지면 믿지 않는 자에게는 구원 반대쪽이 주어질 것이다. 그래서 하나님의 진노가 불의로 진리를 막는 사람들의 모든 경건하지 않음과 불의에 대하여 하늘로부터 나타난다는 말로 이어진다(롬 1:18). 어떻게 나타나느냐 하면, 일단 방임으로 나타난다. 하고 싶은 대로 하게 내버려 두는 것이 하나님의 진노다.

그렇게 해서 나타난 결과가 무엇일까?

그러므로 하나님께서 그들을 마음의 정욕대로 더러움에 내버려 두사 그들의 몸을 서로 욕되게 하게 하셨으니 …(중략)… 이 때문에 하나님께서 그들을 부끄러운 욕심에 내버려 두셨으니

곧 그들의 여자들도 순리대로 쓸 것을 바꾸어 역리로 쓰며 그
와 같이 남자들도 순리대로 여자 쓰기를 버리고 서로 향하여
음욕이 불 일 듯하매 남자가 남자와 더불어 부끄러운 일을 행
하여 그들의 그릇됨에 상당한 보응을 그들 자신이 받았느니라
…(중략)… 곧 모든 불의, 추악, 탐욕, 악의가 가득한 자요 시기,
살인, 분쟁, 사기, 악독이 가득한 자요 수군수군하는 자요(롬
1:24-29)

결국 이 세상에 온갖 악이 횡행하게 되었다. 동성애를 비롯해서
불의, 추악, 탐욕, 악의, 시기, 살인, 분쟁, 사기, 악독이 가득한 세상
이 되고 말았다.

"그런가 보다" 하고, 고개를 끄덕이기 전에 주목할 만한 사실이 있
다. 하나님을 떠난 사람들의 죄악상을 열거하면서 동성애를 가장 비
중 있게 말한다는 사실이다. 모든 죄악 중의 하나로 동성애를 꼽는
것이 아니다. 일단 동성애를 지적한 다음에 나머지는 '기타 등등'이
라고 한다.

그럴 만하다. 결혼이 그리스도와 교회의 연합을 모여 구고, 부부
관계가 구원의 완성이 주는 기쁨의 모형이라면 그것을 더럽히는 것
은 단연 동성애이기 때문이다. "왜 꼭 하나님이 정하신 대로만 기쁨
과 만족을 얻어야 하느냐? 다른 방법으로도 얼마든지 기쁨과 만족
을 얻을 수 있는 것 아니냐?"라고 하는 사람에게 무슨 말을 해 줘야

                              동성애를 말하다

할까?

단, 오해하지는 말자. 동성애에 대해서 하나님이 진노하시는 것이 아니다. 하나님이 진노하셔서 사람들을 마음의 정욕대로 행하게 방임했더니 그렇게 해서 나타난 결과가 동성애였다. 동성애가 하나님을 떠난 사람들에게서 나타나는 대표적인 죄악인 셈이다. 이런 병폐가 주후 1세기의 로마에만 해당되는 얘기일까? 그렇다면 바울이 복음을 말하면서 가장 먼저 동성애를 경계하지는 않았을 것이다.

왜곡된 성관계의 뿌리가 상당히 깊다. 하나님께서 소돔의 실상을 확인하고자 천사들을 보냈을 적에 롯이 천사들을 집으로 영접했다. 그러자 소돔 사람들이 롯의 집으로 찾아왔다. 롯의 집에 유숙한 천사들을 사람인 줄 알고 그들과 상관하겠다고 한 것이다. 성경에는 그 내용이 "그 성 사람 곧 소돔 백성들이 노소를 막론하고 원근에서 다 모여 그 집을 에워싸고 롯을 부르고 그에게 이르되 오늘 밤에 네게 온 사람들이 어디 있느냐 이끌어 내라 우리가 그들을 상관하리라"(창 19:4-5)라고 기록되어 있다. 강도짓을 할 때도 주변 눈치를 살피는 법이다. 대문을 발로 걷어차면서 들어가는 강도는 없다. 그런데 동성 간의 강간을 당당하게 요구한 것이다. 국어사전에서 '동성애'를 찾으면 "동성 간의 사랑, 또는 동성에 대한 사랑"으로 설명되어 있다. 그러면 동성을 대상으로 하는 강간은 뭐라고 해야 할까? 하도 해괴망측해서 표현하는 단어도 없다.

이때 롯은 자기 집에 온 손님들 대신 딸을 내주겠다고 제의한다.

딸을 인격 주체가 아닌 자기의 소유물로 본 것이다. 나그네를 환대하는 것이 당시의 미덕이었다. 그 미덕을 지키기 위해서 차라리 자기 소유와 명예에 손상을 감수하겠다고 한 것이다. 현대를 살아가는 우리로서는 어처구니가 없지만 그것이 롯의 처신이었다. 어쩌면 당시의 가치 기준으로는 나그네를 보호하기 위해서 개인적인 손해를 감수하는 것이 바람직한 선택이었을 수도 있다.

sodomite라는 단어가 있다. '소돔 사람', '남색하는 사람'이라는 뜻이다. 소돔이 남색의 대명사가 된 것이다. 하지만 이 단어로도 소돔성의 죄악을 제대로 설명하지는 못한다. 국어사전에서 '남색'을 찾으면 "사내끼리 성교하듯이 하는 짓"이라고 설명되어 있다. '끼리'는 "그 부류만이 서로 함께"라는 뜻을 더하는 접미사이다. '우리끼리', '집안끼리', '자기들끼리' 등의 용례에서 알 수 있는 것처럼 남색은 합의된 관계가 전제된다. 강간(强姦)과 화간(和姦)이 다른 것처럼 소돔성의 죄악은 남색 정도가 아닌데도 표현할 마땅한 단어가 없어서 남색이라고 한 것이다. 게다가 소돔성의 죄악은 동성 간의 성폭행만이 아니었다. 에스겔 16장 49-50절[4]에서는 소돔성의 죄악으로 가난한 자를 돌아보지 않았다는 사실을 지적하고, 유다서 1장 7절[5]에서는 음란을 지적한다. 당시 소돔성은 마치 죄악의 백화점처럼 온갖 죄

---

4   겔 16:49-50〉 네 아우 소돔의 죄악은 이러하니 그와 그의 딸들에게 교만함과 음식물의 풍족함과 태평함이 있음이며 또 그가 가난하고 궁핍한 자를 도와주지 아니하며 거만하여 가증한 일을 내 앞에서 행하였음이라 그러므로 내가 보고 곧 그들을 없이 하였느니라
5   유 1:7〉 소돔과 고모라와 그 이웃 도시들도 그들과 같은 행동으로 음란하며 다른 육체를 따라가다가 영원한 불의 형벌을 받음으로 거울이 되었느니라

   동성애를 말하다

악이 만연했는데, 그 대표로 동성 간의 성폭행을 꼽은 것이다. 성경의 논리는 간단하다. "하나님이 소돔성에 심판을 내리기로 작정하셨다. 당시 소돔성이 얼마나 엉망이었는지 아느냐? 봐라! 이런 일이 있을 정도였다."라는 뜻이다.

첨언하면, 소돔성이 동성애 때문에 망했다는 말을 들은 적이 있는데 성경의 기록과 다르다. 성경이 꼽는 소돔성의 대표적인 죄악은 동성애 정도가 아니라 그보다 더 심했다고 해야 한다. 그렇다고 해서 동성 간의 강간 시도 때문에 망했다고 하는 것도 어색하다. 동성 간의 강간 시도 때문에 망한 것이 아니라 온갖 죄악이 만연해서 망했는데, 성경은 그 대표적인 죄악으로 동성 간의 강간 시도를 보여준 것이다.

앞에서 노아 홍수 직전 상황과 같은 내용이 가나안에 들어간 이스라엘의 행적을 기록한 사사기에도 있는 것을 확인했다. 이번에도 창세기와 사사기에 같은 내용이 나온다. 에브라임 산지에 거주하는 레위인이 첩과 함께 기브아에 유숙했는데, 마을 사람들이 그 집에 몰려와서 레위인을 달라고 난동을 부린 것이다. 마치 소돔성에서 벌어졌던 일의 복사판을 보는 것 같다. 그때 집주인은 "내 형제들아 청하노니 이 같은 악행을 저지르지 말라 이 사람이 내 집에 들어왔으니 이런 망령된 일을 행하지 말라"(삿 19:23b)라고 한다. 사사 시대는 이스라엘 역사상 가장 암울한 시대였다. 하나님이 이스라엘의 왕인데도 하나님을 왕으로 모시지 않고 자기 소견에 옳은 대로 행하였으니 그럴 수밖에 없다. 그런데 집주인이 "이 같은 악행을 저지르지 말라"라고 했으니, 그런 사사 시대에도 기브아 사람들의 행위는 유난히 악한 것으로 간주되었다는 뜻이다.

마침 집주인에게 딸이 있었다. 그래서 엉뚱한 제안을 한다. "보라 여기 내 처녀 딸과 이 사람의 첩이 있은즉 내가 그들을 끌어내리니 너희가 그들을 욕보이든지 너희 눈에 좋은 대로 행하되 오직 이 사람에게는 이런 망령된 일을 행하지 말라"(삿 19:24)라는 것이 집주인의 얘기였다.

롯은 자기 두 딸을 불한당에게 내주겠다고 제안했는데 집주인에게는 딸이 한 명뿐이었다. 그 한 명을 다수의 불한당에게 내주고 "너희 마음대로 하라"라고 하기에는 부족하게 느껴졌던 모양이다. 그래서 레위인의 첩을 같이 얘기했다. 다른 사람의 첩을 자기 마음대로 내주겠다는 제안이 어떻게 가능한지 모르겠지만, 어쨌든 그것이 당시 여자의 인권이었다. 그만큼 여자를 천하게 여겼다. 하기야 십계명 중에 열 번째 계명이 "네 이웃의 소유를 탐내지 말라"인데, 탐내지 말아야 할 목록에 이웃의 남종과 여종, 소, 나귀와 함께 아내가 들어간다[6].

차이가 있다면 소돔성에서는 행패를 부리던 사람들이 전부 천사들에 의해서 눈이 어둡게 되는 보응을 받았는데, 사사기에서는 레위

---

6 출 20:17) 네 이웃의 집을 탐내지 말라 네 이웃의 아내나 그의 남종이나 그의 여종이나 그의 소나 그의 나귀나 무릇 네 이웃의 소유를 탐내지 말라

동성애를 말하다

인의 첩이 밤새도록 능욕을 당하고 결국 죽는다는 사실이다. 요컨대 성경은 세상이 엉망인 단적인 모습으로 동성 간의 성폭행 시도를 꼽는다. 그런 죄악을 공개적으로 행하는 세상이라면 다른 죄라고 해서 안 벌어질 리가 없다.

각설하고, 바울은 복음을 설명하면서 가장 먼저 동성애를 꼽았고 멸망 직전의 소돔성의 죄악과 사사기에서 세상이 엉망인 모습으로 동성 간의 성폭행 시도를 꼽았다. 뭔가 시사하는 바가 엿보인다.

1) 바울이 복음을 설명하면서 그 대척점으로 가장 먼저 동성애를 꼽았습니다. 그 이유를 생각해 봅시다.

2) 부부 관계가 구원의 완성이 주는 기쁨의 모형이라면 동성애는 "왜 꼭 하나님이 정하신 대로만 기쁨과 만족을 얻어야 하느냐? 다른 경로로도 기쁨과 만족을 얻을 수 있다."라는 뜻이 됩니다. 차제에 우리가 기쁨과 만족보다 그 출처에 더 관심을 둬야 한다면, 당장 어떻게 적용할 수 있을까요?

3) 소돔성에서 행해진 죄악의 목록을 일일이 나열하면 어떻게 될까요? 그것을 전부 지금의 법정에서 판결하면 동성 간의 성폭행 시도보다 무거운 형벌을 받을 죄가 얼마든지 있을 것입니다. 그런데도 성경은 굳이 동성 간의 성폭행 시도를 소돔성의 대표적인 죄로 꼽습니다. 그 이유를 생각해 봅시다.

동성애를 보는 눈

　주변에 동성애자가 있으면 어떻게 해야 할까? 동성애는 구원 완성의 모델인 결혼의 의미를 깨뜨리는 행위다. 그리스도와 한 몸을 이루는 것이 얼마나 큰 기쁨과 만족을 주는지를 암시하는 부부 관계의 신비도 더럽힌다. 굳이 하나님이 주시는 기쁨과 만족이 아니라도 다른 경로로 그런 기쁨과 만족을 얻을 수 있다는 발상이기도 하다. 그러니 당연히 정죄해야 할까?

　실제로 동성애 얘기만 나오면 입에 거품을 무는 사람을 볼 수 있다. 마치 성경적으로 처신하는 것처럼 당당하다. 그런데 과연 그럴까? 성경이 동성애를 정죄한다고 해서 우리한테 동성애자를 정죄할 자격을 부여하지는 않는다.

　성경에 동성애를 정죄하는 내용이 없다고 가정해 보자. 그러면 사람들이 동성애에 대해서 어떤 반응을 보일까? 성경의 기록 여부에 관계없이 동성애라는 단어 자체에 얼굴을 찌푸리는 사람이 얼마든지 있을 것이다. 사람은 옳고 그른 것보다 좋고 싫은 것에 훨씬 더 민감하게 반응한다. 옳고 그른 것을 분별해서 옳은 것을 좋아하고 그른 것을 싫어하는 것이 아니라 자기가 좋아하는 것에 옳은 이유를 붙이고 자기가 싫어하는 것에 그른 이유를 붙인다.

교회에서 음주 문제로 토론을 하면 으레 "술 취하지 말라 이는 방탕한 것이니 오직 성령으로 충만함을 받으라"(엡 5:18)라는 말씀이 등장한다. 취할 정도로 마시지만 않으면 음주 자체는 문제가 되지 않는다는 것이다. 설마 하나님 말씀이 주량에 따라 달리 적용되기라도 하는 것일까? 왜 성경에 있는 다른 말씀에는 신경 쓰지 않으면서 그 말씀은 금과옥조(金科玉條)처럼 여길까? "성경에 죽도록 충성하라고 했지, 언제 대충 충성하라고 했느냐?"라는 말은 들어본 적이 없는데, "성경에 술 취하지 말라고 했지, 언제 술 마시지 말라고 했느냐?"라는 말은 한두 번 들은 게 아니다.

성경에 그런 말씀이 있는 이유는 우리가 성령으로 충만해야 하기 때문이다. 우리는 술에 취하지만 않으면 되는 사람들이 아니라 성령으로 충만해야 하는 사람들이다. 성경은 성령 충만의 대척점으로 술 취한 것을 얘기한다. 집에서 아이한테 "컴퓨터 게임 하지 말고 공부해라"라고 하면, 컴퓨터 게임만 안 하면 되는 것이 아니라 공부를 해야 하는 것과 같다. 그런데도 음주 얘기에 에베소서 5장 18절 말씀을 인용하는 것은 성경 말씀을 자기 입맛대로 갖다 붙인 때문이다.

하나 더 있다. 하나님은 중심을 보시는 분이라는 말씀도 많이 인

　　　　　　　　　　　　　　　동성애를 말하다

용한다. 어떤 교회 청년회에서 음주 문제에 대한 토론을 했다. 비슷한 시기에 다른 교회에서도 같은 토론을 했다. 공교롭게도 결론이 같았다. "술을 마시는 것이 바람직하지는 않지만 하나님은 중심을 보시는 분이기 때문에 크게 문제 삼을 것은 없다." 두 교회에서 짠 것이 아니다. 생각하는 수준이 비슷했을 뿐이다.

성경에 하나님은 중심을 보시는 분이라는 말씀이 있는 것은 맞다. 하지만 성경에 있는 말씀을 인용하기만 하면 무조건 성경적이 되는 것이 아니다. 그 말씀이 어떤 문맥에서 나왔는지 따져 봐야 한다.

하나님께서 사울을 폐하기로 작정하시고 다윗한테 기름을 붓기 위해서 사무엘을 베들레헴으로 보냈다. 사무엘이 가장 먼저 본 사람이 엘리압이었는데, 그의 외모가 무척 출중했다. 사무엘이 감탄한다. 과연 하나님께서 기름 부으실 만한 사람이라는 것이다. 그때 하나님께서 하신 말씀이 "그의 용모와 키를 보지 말라 내가 이미 그를 버렸노라 내가 보는 것은 사람과 같지 아니하니 사람은 외모를 보거니와 나 여호와는 중심을 보느니라"(삼상 16:7)였다.

외모가 덜 갖춰진 엘리압의 중심을 보시고 합격 판정을 내리신 것이 아니라 외모가 갖추어진 엘리압의 중심을 보시고 불합격 판정을 내리셨다. 하나님께서 중심을 보신다는 말씀은 형식이 갖춰지지 않아도 내용만 알차면 된다는 뜻이 아니다. 아무리 형식이 갖춰져도 내용이 부실하면 안 된다는 뜻이다. 굳이 음주 문제에 적용하고 싶으면 "술을 마셔도 중심이 바르면 합격 점수를 받을 수 있다"라고 할 것이 아니라 "술을 안 마시기만 하면 합격이 아니라 그 중심을 봐야 한다"라고 해야 한다.

진지하게 생각해 보자. 하나님은 거룩하신 분인데 우리는 본성상 죄인이다. 하나님보다 죄에 훨씬 가깝다. 거룩하신 하나님 말씀인 성경에 다듬어지지 않은 우리 생각을 지지하는 내용이 있을까? "여기에 이런 말씀이 있다. 그러니 내 생각이 옳다."라고 한다면, 성경을 잘못 적용했을 공산이 크다.

동성애는 어떨까? 평소에는 동성애에 대해서 무념무상(無念無想)으로 아무 생각이 없었는데 성경에 동성애를 정죄하는 내용이 있는 것을 보고는 성경대로 행하기 위해서 동성애를 꺼리기로 작정했다면 그럴 수 있다. 그런데 혹시 심정적으로 동성애를 혐오하던 차에 성경에 있는 내용을 보고는 쌍수를 들고 환영하는 것은 아닐까? 그러면 자기 평소 생각대로 하면 성경적으로 처신하는 것이 되는데, 본성 그대로 행하는 것이 성경적인 처신이 될 수 있을까? 사람은 본래 죄인이라서 매사에 죄에 속한 생각을 하지만 동성애에 대해서만큼은 예외적으로 하나님과 생각이 같을 수도 있을까?

서기관과 바리새인들이 간음 중에 잡힌 여자를 끌고 예수님께 왔다. 그때 예수님은 죄 없는 자가 먼저 돌로 치라고 했고, 그 말을 들은 사람들은 양심에 가책을 느껴 어른으로 시작하여 젊은이까지 다 자리를 떠나버렸다. 그럴 수밖에 없다. 죄 없는 사람이 어디 있단 말인가?

　　　　　　　　　　　　동성애를 말하다

동성애라면 얘기가 다르다. 동성애에 대해서는 한 번도 유혹을 느껴본 적이 없는 사람이 얼마든지 있다. 앞으로도 유혹을 느끼지 않을 것이다. 누군가 "너희 중에 죄 없는 자가 돌로 치라"라고 한다면, 얼마든지 돌로 칠 수 있다. 동성애를 정죄하는 데에는 이런 요인이 있을 것이다. 다른 죄라면 몰라도 동성애에 대해서만큼은 하늘을 우러러 한 점 부끄러움이 없기 때문이다.

언젠가 하나님보다 앞서지 말라는 말을 들은 적이 있다. 무슨 말인지 아리송했다. 사람이 하나님보다 앞서는 사례가 구체적으로 어떻게 나타날까? 딱히 떠오르는 장면이 없었다. 그런데 동성애자를 정죄하는 문제에는 해당될 수 있을 것 같다. 하나님께서 하실 정죄를 자기가 나서서 하는 것은 불경스러운 일이다.

강상우 박사가 쓴 〈기독교와 동성애〉라는 책이 있다. 그 책에서 "동성애를 어떻게 봐야 하느냐?"라는 질문에 대한 김세윤 박사의 답을 소개한다. "성경적 관점에서 동성애는 타락한 세계에 나타나는 현상이다. 성경은 그것을 분명히 죄라고 선언한다. 그렇다고 해서 무조건 정죄할 것이 아니라 그들을 창조 질서 왜곡의 피해자로 여겨 따뜻하게 대할 필요가 있다. 기독교가 독선과 냉혈한적 태도를 가져서는 안 된다. 단, 동성애적 성향을 가졌다는 것이 그것을 즐겨도 된다는 뜻은 아니다. 이성애자들이 성적 충동을 억제하고 순결을 지킬 것을 요구받는 것처럼 동성애자들도 마찬가지다. 그들 역시 하나님 나라를 위해, 그리고 교회와 사회를 위해 동성애적 충동을 억제하고 삼가야 한다.”

내가 속한 교단인 대한예수교장로회(통합) 총회의 동성애대책위원회는 지난 2017년 6월 12일 〈동성애에 대한 총회의 입장〉을 통해 “동성애자를 혐오와 배척의 대상이 아닌 사랑과 변화의 대상으로 여긴다”라고 했다. 성경의 동성애 금기를 공적 권위로 받아들이지만 동성애자도 하나님의 형상으로 창조된 존재임을 인정한 것이다. 교회는 동성애 성향으로 고민하고 갈등하는 사람들의 마음을 이해하고, 그들이 하나님 앞에 그 어려움을 내려놓을 수 있도록 도와야 한다. 동성애자들도 우리와 마찬가지로 그리스도의 복음으로 변화되어야 할 연약한 인간에 불과하기에 자신의 정체성을 하나님과의 관계 속에서 완성하도록 도와야 한다.

또 동성 결혼에 반대한다는 입장을 분명히 밝혔다. 동성 결혼을 합법화하는 것이 마치 인권 선진국으로 가는 것처럼 오도하는 일부 언론의 보도 행태에 심각한 우려를 표명하며, 동성 결혼 합법화는 건전한 성 윤리 붕괴는 물론 건강한 가정 질서와 사회 질서를 붕괴시킨다고 했다.

혹시 주변에 동성애 문제로 고민하는 사람이 있다면 당연히 긍휼히 여기고 도와야 한다. 술이나 담배로 고민하는 사람의 연장선에서 생각하면 된다. 물론 동성애를 용인하는 것이 아니라는 사실은 분명히 못을 박아야 한다. 혹시 동성애 취향을 느낀다는 사실 때문에 자신의 성 정체성을 고민한다면, 사람은 성 정체성 이상의 존재라는

 동성애를 말하다

사실을 설명해 줘야 한다.

지난 2010년에 SBS에서 〈시크릿 가든〉이라는 드라마를 방영한 적이 있다. 남녀 주인공의 영혼이 서로 바뀌는 상황을 설정한 드라마다. 비단 〈시크릿 가든〉만이 아니다. 〈봄이 오나 봄〉이나 〈이 강에는 달이 흐른다〉처럼 영혼이 바뀌는 상황을 설정한 드라마가 얼마든지 있다. 그 모든 드라마에서 영혼이 바뀌면 지금의 자기 몸이 자기가 아니라고 한다. 사람의 본질이 몸에 있지 않고 영혼에 있다는 뜻이다. 하나님이 흙으로 사람을 지으시고 생기를 그 코에 불어넣으셨으니 당연히 그렇지만, 이런 사실을 모르는 불신자들도 사람의 본질이 영혼에 있다는 사실을 인정한다. 사람은 성 정체성을 초월하는 존재라는 뜻이다.

바울이 갈라디아교회에 보낸 편지에서 성령을 따라 행하라고 했다. 그리하면 육체의 욕심을 이루지 않는다는 것이다. 만일 우리가 성령으로 살면 또한 성령으로 행하여야 한다고 했다. 그런 내용이 "형제들아 사람이 만일 무슨 범죄한 일이 드러나거든 신령한 너희는 온유한 심령으로 그러한 자를 바로잡고 너 자신을 살펴보아 너도 시험을 받을까 두려워하라"(갈 6:1)로 이어진다. 성령으로 행하는 사람은 주변에 범죄한 사람이 있을 때, 그 사람을 정죄하는 것이 아니라 온유한 심령으로 그 사람을 바로잡아야 한다. 아울러 자신을 살펴서 행여 자기도 시험을 받을까 조심해야 한다.

헬라어에는 죄로 번역되는 단어가 다섯 가지다. 화살이 과녁을 명

중시키지 못한 것을 '하마르티아'($\alpha\mu\alpha\rho\tau\iota\alpha$)라고 한다. 활을 쏠 때마다 명중시키고 싶겠지만 빗나가는 경우가 다반사다. 성경에서 말하는 대부분의 죄가 여기에 속한다. 사람은 도무지 죄를 안 지을 재간이 없다. 줄을 따라가지 못한 것을 '파라바시스'($\pi\alpha\rho\alpha\beta\alpha\sigma\iota\varsigma$)라고 한다. 마땅히 따라가야 할 선이 있는데 자칫 왼쪽이나 오른쪽으로 발이 빠지면 그것이 파라바시스다. 법이 없는 행위, 법을 외면한 행위를 '아노미아'($\alpha\nu o\mu\iota\alpha$)라고 한다. 준행해야 할 법을 지키지 않으면 그것이 아노미아다. 갚아야 할 빚이 있는 상태를 '오페일레마'($o\varphi\epsilon\iota\lambda\eta\mu\alpha$)라고 한다. 빚을 졌으면 갚아야 한다. 다 갚기 전에는 빚에서 풀려날 방도가 없다. 주기도문에서 "우리 죄를 용서하여 주시고"라고 할 때 오페일레마가 쓰였다. 마지막으로 '파라푸토마'($\pi\alpha\rho\alpha\pi\tau\omega\mu\alpha$)라는 죄가 있다. "형제들아 사람이 만일 무슨 범죄한 일이 드러나거든…"이라고 할 때 이 말이 쓰였다. 미끄러져서 넘어졌다는 뜻이다. 빙판길에서 미끄러지는 일은 얼마든지 있을 수 있다. 그래도 넘어지면 망신이다.

이런 범죄에 동성애를 대입하면, 성령으로 행하는 사람은 주변에 동성애자가 있을 경우에 온유한 심령으로 그러한 자를 바로잡고 자신을 살펴서 자신도 시험을 받을까 조심해야 한다는 얘기가 된다. 바로잡는다는 얘기는 고치라고 지적한다는 뜻이 아니다. 영어로 얘기하면 correct가 아니라 restore이다. 예수님이 배에서 그물을 깁는 야고보와 요한을 부르셨는데, 그물을 깁는다고 할 때 이 단어가 쓰였다. 다리가 부러지면 깁스를 해서 목발을 짚고 다닌다. "넌 왜 부러졌어? 네가 부주의해서 다친 것이니까 네가 알아서 해!"라고 하지 않는다. 뼈가 붙을 때까지 기꺼이 불편을 감수한다. 평소에 그 다리가 하던 일을 성한 다리와 양팔이 나눠서 감당한다. 그렇게 하는 것이 바로잡는 것이다. 성령으로 행하지 않는 사람은 관계없지만 성령으로 행하는 사람이라면 그렇게 해야 한다.

"파라푸토마는 본래 미끄러져서 넘어질 때 쓰는 말이라고 하지 않았느냐? 대단한 범죄가 아닌데 어떻게 동성애를 거기에 비교할 수 있느냐?"라고 할 것 없다. 습관적으로 동성애 행위를 즐기는 경우가 아니라 동성애 성향이 있어서 갈등하는 경우를 상정하면 된다. 주변에 그런 사람이 있으면, 기꺼이 그 사람을 바로잡아야 한다. 그냥 바로잡으면 안 된다. 온유한 심령으로 바로잡아야 한다.

유대인들은 어떤 말을 하기에 앞서 세 단계의 황금 문을 거쳐야 한다고 한다. "옳은 말인가? 꼭 필요한 말인가? 친절한 말인가?"이다. 옳은 말이라도 필요하지 않은 말이 있고, 옳기도 하고 필요하기도 한 말이라도 친절하게 전달하지 않으면 소용이 없기 때문이다.

동성애자를 무속인이나 이단 집단에 빠진 사람으로 바꿔서 생각하면 어떨까? 우리가 무속이나 이단을 인정하지는 않는다. 그렇다고 그들을 무작정 손가락질하고 정죄하는 것이 옳을까? 이상환 목사가 그의 책 〈신들의 신 예수〉에서 고등학생 때의 경험을 얘기한다. 담당 전도사님과 집사님들과 함께 교회 주변에서 전도를 하고 있었는데, 어디선가 다투는 소리가 들렸다. 집사님 한 분과 점집 아주머니 사이에 말다툼이 벌어진 것이다. 집사님이 언성을 높였다. "당신들이 믿는 신들은 모두 가짜야! 우상숭배하지 마! 그러다가 지옥 가!"

책에서 이상환 목사가 이렇게 말했다. "나는 집사님이 하신 말씀의 내용에는 동의하지만 집사님이 취하신 방식에는 결코 동의할 수 없다. 그것은 복음을 전하는 행동이 아니었다. 그저 시비와 싸움을 거는 행위였다. 집사님의 소통 방식은 일방적이고 폭력적이며 무례했다… 상대방을 존중하지 않고 그저 복음을 던져야 할 대상으로만 여기는 것이 전도의 바른 자세일까? 나는 그렇게 생각하지 않는다. 복음이 소중하다면, 복음을 전하는 방식 역시 신사적이어야 한다."

백번 지당한 지적이다. 커뮤니케이션에는 목적이 있는 법이다. 자기가 하고 싶은 말만 하면 되는 것이 아니라 그 말을 무엇 때문에 하는지가 중요하다. 가끔 "내가 틀린 말 했어?"라는 항변을 듣는데, 그리 바람직한 말이 아니다. 자기가 사실과 다른 말을 했으면 잘못인 것을 인정하겠지만 사실에 부합한 말을 한 이상 자기는 잘못이 없다는 뜻인데, 과연 그럴까?

부교역자 시절, 어떤 집에 심방을 갔다. 마당 한쪽 구석에 개집이 있었고, 개도 묶여 있었다. 고향에서 흔히 보던 똥개를 서울 한복판에서 보는 것이 신기해서 "집사님, 웬 똥개를 기르고 계셔요?"라고 물었더니 그분이 질색을 했다. "어머! 전도사님, 왜 똥개라고 하세요?" 그 얘기에 속으로 "아차!" 했다. 똥개가 아닌데 똥개라고 하는 것은 분명한 결례이기 때문이다. 다시 자세히 봤는데, 자세히 볼 것도 없었다. 똥개가 확실했다. "왜요? 똥개 맞잖아요?" 그분이 대답했다. "그래도요, 아무리 똥개라도 똥개라고 하는 건 그렇잖아요."

망치로 뒤통수를 맞은 느낌이었다. 똥개가 아닌데 똥개라고 하는 것만 잘못이 아니라 똥개를 똥개라고 하는 것도 잘못이었다. 주인에게는 다른 집 애완견 못지않게 사랑스러운 개이기 때문이다.

나중에 알았는데 그 개는 한쪽 눈이 실명인 상태였다. 한쪽 눈에서 고름이 줄줄 흐르는 개가 골목을 배회하기에 불쌍해서 가축병원에 데리고 가서 수술을 시켜 주고는 키우는 중이라고 했다. 내가 그 개를 똥개라고 한 것은 개를 보는 안목이 있어서가 아니라 그 개에 애정이 없는 탓이었다. 유대인들이 말을 하기 전에 세 단계의 황금문을 거친다는 사실이 다시금 새로웠다.

또 있다. 자신을 살펴서 행여 자기가 시험받을까 조심해야 한다. 고속도로에서 과속을 하다가 사고 낸 차량을 보면 조심해서 과속하지 않으면 되고, 지인이 해외여행 갔다가 소매치기당했다는 말을 들으면 기억해 두었다가 해외여행 갈 때 조심하면 된다. 동성애는 어떻게 조심하라는 얘기일까? 지금까지 한 번도 그런 미혹을 받은 적이 없지만 앞으로의 일은 장담할 수 없으니까 일단 조심해야 하는 것일까?

동성애는 구원 완성이 주는 기쁨과 만족의 모델을 깨뜨리는 행위다. 그러면 "난 동성애자가 아니다. 나한테 뭐라고 하지 마라."라고 하는 것으로는 부족하다. 자기가 어떤 일에서 기쁨과 만족을 느끼고 있는지 점검해야 한다. "술 취하지 말라 이는 방탕한 것이니 오직 성령으로 충만함을 받으라"라는 말씀에 빗대보면 된다. 누군가 술 취한 사람이 있을 때 "난 술 안 취했다"라고 하면 되는 것이 아니라 과연 성령으로 충만한지 점검해야 하는 것처럼 동성애에 대해서도 역시 그렇다. 우리가 궁극적으로 바라는 것이 구원 완성이다. 우리는 늘 그날을 향해 나아가는 사람들이어야 한다.

사실 이런 모습은 참 아쉽다. 신앙에 대한 눈높이가 너무 낮다. 성수주일(聖守主日)을 예로 들어 보자. 성수주일은 글자 그대로 주일을 거룩하게 지키는 것을 말한다. 그럼 주일을 어느 만큼 거룩하게 지키면 거룩하게 지켰다고 할 수 있을까? 질문을 바꿔서, 부모님께 어느 만큼 효도를 하면 효도했다고 할 수 있을까? 일 년에 한 번, 어버이날에 카네이션 달아 드리고 용돈 드리는 것으로 효도했다고 하는 사람은 없을 것이다. 그런데 어떻게 된 영문인지 주일낮예배 안 빼먹는 것으로 성수주일을 얘기하는 경우가 왕왕 있다. 설마 예수님이 우리로 하여금 일주일에 한 번 예배 빼먹지 않게 하려고 십자가에 달리셨을까?

하물며 동성애를 얘기하면서 "난 동성애자가 아니다"라고 한마디 하는 것으로 할 일을 다 했다고 생각하는 것은 곤란하다. 동성애를 거울로 삼는다면 마땅히 신앙 진보를 이룰 수 있어야 한다. 우리는 죄만 안 지으면 되는 사람들이 아니라 날마다 주님을 닮아가야 하는 사람들이다. 바로 오늘이 주님을 가장 덜 닮은 날이라야 하고, 장차 주님 앞에 설 때는 그날이 주님을 가장 많이 닮은 날이어야 한다.

1) 사람은 옳고 그른 것을 분별해서 옳은 것을 좋아하고 그른 것을 싫어하는 것이 아니라 자기가 좋아하는 것에 옳은 이유를 붙이고 자기가 싫어하는 것에 그른 이유를 붙이는 경향이 있습니다. 그런 사례를 아는 대로 얘기해 봅시다.

2) 하나님은 거룩하신 분인데 우리는 본성상 죄인입니다. 성경 말씀에 우리 생각을 지지하는 내용이 있을 리 없습니다. 그런데 동성애를 정죄하는 내용이 있습니다. 그 말씀을 어떻게 받아들여야 할까요?

3) 반면교사라는 말이 있습니다. 주변에 동성애자가 있거나, 혹은 동성애자 얘기를 들을 때도 마찬가지입니다. 우리는 당연히 구원 완성을 위해서 애써야 하는데, 가장 먼저 고쳐야 할 것이 있다면 어떤 것일까요?

성경이 말하는 이혼

신학을 하기 전, 직장 생활할 때의 일이다. 대학 동기한테서 팩스로 청첩장이 왔기에 나도 축의금으로 10만 원짜리 수표를 팩스로 보낸 적이 있다. 마침 다른 일정 때문에 결혼식 참석이 곤란했다. 전화를 걸어서 얘기했다. "미안해. 이번에는 사정이 있어서 못 가는데 대신 다음에는 꼭 갈게." 비단 그때만이 아니고 결혼식에 못 갈 경우에 종종 하던 농담이었다. 요즘은 이 말을 못한다. 농담이 아니라 악담으로 들을 것이기 때문이다. 세상이 왜 이렇게 되었을까?

바리새인들이 예수께 나아와 그를 시험하여 이르되 사람이 어떤 이유가 있으면 그 아내를 버리는 것이 옳으니이까 예수께서 대답하여 이르시되 사람을 지으신 이가 본래 그들을 남자와 여자로 지으시고 말씀하시기를 그러므로 사람이 그 부모를 떠나서 아내에게 합하여 그 둘이 한 몸이 될지니라 하신 것을 읽지

못하였느냐 그런즉 이제 둘이 아니요 한 몸이니 그러므로 하나
님이 짝지어 주신 것을 사람이 나누지 못할지니라 하시니 여짜
오되 그러면 어찌하여 모세는 이혼 증서를 주어서 버리라 명하
였나이까 예수께서 이르시되 모세가 너희 마음의 완악함 때문
에 아내 버림을 허락하였거니와 본래는 그렇지 아니하니라 내
가 너희에게 말하노니 누구든지 음행한 이유 외에 아내를 버리
고 다른 데 장가드는 자는 간음함이니라 제자들이 이르되 만일
사람이 아내에게 이같이 할진대 장가들지 않는 것이 좋겠나이
다 예수께서 이르시되 사람마다 이 말을 받지 못하고 오직 타
고난 자라야 할지니라 어머니의 태로부터 된 고자도 있고 사람
이 만든 고자도 있고 천국을 위하여 스스로 된 고자도 있도다
이 말을 받을 만한 자는 받을지어다 (마 19:3-12)

바리새인들이 예수님께 와서 어떤 경우에 아내를 버릴 수 있는지
물었다. 당시 이혼은 사회적으로 상당히 논란이 되는 문제였다. 헤
롯 안디바가 자기 아내와 이혼하고 이복형 빌립의 아내를 빼앗았기
때문이다. 세례 요한이 그 일을 지적했다가 처형을 당하기도 했다.
바리새인들의 검은 속이 엿보인다.

그때 예수님은 어떤 경우에 이혼이 가능한지를 답하지 않으시고
창조 질서를 기준으로 말씀하셨다. 하나님이 짝지어 주신 것을 사람
이 나누지 못한다는 것이다.

 동성애를 말하다

신학 사조 중에 무교회주의가 있다. 진정한 기독교는 교회를 탈피하는 것에서 시작한다는 주장이다. 무교회주의자들의 주장은 상당 부분 설득력이 있다. 교회가 구원을 만드는 것도 아니고, 교회가 없다고 해서 기독교가 성립하지 않는 것도 아니기 때문이다. 특히 교회 구성원으로 인해서 불거진 문제를 교회 자체의 문제로 여길 수도 있다. 하지만 교회를 만드신 분이 하나님이다. 사람들끼리 머리를 맞대서 교회를 만들었으면 교회의 필요성을 논의할 수 있지만 교회를 만드신 분이 하나님이라면 그 필요성을 입에 담는 것 자체가 이미 불경이다.

부부가 바로 그렇다. 하나님께서 남자와 여자를 만드시고 둘이 합하여 한 몸이 되게 하셨는데, 사람이 나서서 "하나님께서 그렇게 하신 것은 압니다만 그래도 이런 경우에는 나눌 수 있지 않습니까?"라고 하는 것이 가능할까?

그런데 문제가 있다. 이혼을 할 때는 이혼 증서를 주라는 율법 조항이 있기 때문이다.

> 사람이 아내를 맞이하여 데려온 후에 그에게 수치 되는 일이 있음을 발견하고 그를 기뻐하지 아니하면 이혼 증서를 써서 그의 손에 주고 그를 자기 집에서 내보낼 것이요 그 여자는 그의 집에서 나가서 다른 사람의 아내가 되려니와 그의 둘째 남편도 그를 미워하여 이혼 증서를 써서 그의 손에 주고 그를 자기 집

에서 내보냈거나 또는 그를 아내로 맞이한 둘째 남편이 죽었다 하자 그 여자는 이미 몸을 더럽혔은즉 그를 내보낸 전남편이 그를 다시 아내로 맞이하지 말지니 이 일은 여호와 앞에 가증한 것이라(신 24:1-4a)

아내에게 수치 되는 일이 있어서 그를 기뻐하지 않게 되거든 이혼 증서를 주라고 했다. 이혼 증서를 받은 여자는 어떻게 해야 할까? 여자가 살아갈 수 있는 방도는 자기를 거두어 줄 다른 남자를 찾는 것뿐이다. 그런데 새로 맞은 남편에게 또 버림을 받든지, 새로 맞은 남편이 죽어서 도로 홀몸이 될 수 있다. 그런 경우에도 애초에 그 여자를 버린 남자는 그 여자를 다시 아내로 맞지 말라고 한다.

이런 계명이 왜 필요할까? 현실적으로 이런 일이 일어날 가능성도 거의 없겠지만, 일어난들 무슨 상관일까? 자기가 내보낸 여자가 다른 남자와 같이 사는 동안에 재결합을 염두에 두는 것은 말이 안 되어도 여자가 혼자 살면 얼마든지 가능하지 않을까? 여자 입장에서도 그렇다. 새로운 남자를 만나서 적응해서 사는 것보다 전남편과 다시 합치는 것이 한결 편하지 않을까?

부부는 구약에서는 하나님과 이스라엘의 관계를 상징하고, 신약에서는 그리스도와 교회의 관계를 상징한다. 성경에 이런 내용이 있는 것은 "일수불퇴다. 한번 버린 여자는 다시 맞아들이지 마라. 재혼하고 싶으면 다른 여자를 찾아봐라."라는 얘기가 아니다. "결혼이 어느 만큼 신성한 것인지 아느냐?"를 말하는 것이다. "한번 이혼 증서를 주면 어떤 경우에도 상황을 돌이키지 못한다. 그것으로 끝이다. 애초부터 이혼 증서를 줄 생각은 아예 하지 말아야 한다."라는 뜻이다.

남자가 여자를 절대 버리지 않는다면 여자에게 남은 일은 한 남자의 아내로 정절을 지키며 그 남자 곁에 붙어 있는 일이다. 우리가 바로 그런 사람들이다. 실제로 하나님이 우리에게 그렇게 하고 계시다. 하나님은 어떤 경우에도 우리를 버리지 않으신다. 우리에게 남은 일은 하나님의 백성으로 충실하게 사는 일이다.

그러면 음행한 이유 외에 아내를 버리고 다른 데 장가드는 자는 간음함이라고 한 예수님 말씀은 어떻게 되는 것일까? 옛 이스라엘 문헌에서 이혼 기록을 찾아보면 달걀 요리가 짜다거나 음식을 만드는 뒷모습이 마음에 들지 않는다는 이유로 이혼 증서를 주기도 했다. 그에게 수치 되는 일이 있음을 발견하고 그를 기뻐하지 않으면 이혼 증서를 써 주라는 말을 그렇게 적용했다. 이혼하지 말라는 규정을 이혼해도 되는 조건으로 받아들였다. 그런 사람들한테 "아내가 음행을 한 경우가 아니라면 이혼은 절대 안 된다!"라고 못을 박은 것이다.

남편이 음행한 경우는 왜 말하지 않느냐고 물을 것 없다. 성경에서 남편과 아내는 그리스도와 교회의 모형이다. 문제는 항상 교회에 있지, 그리스도에게 문제가 있는 법은 없다. 결국 우리에게 적용하면 "우리가 나서서 주님을 버리기 전에 주님께서 먼저 우리를 버리는 일은 절대 없다. 우리가 할 일은 무조건 주님께 붙어 있는 일이다.”가 될 것이다.

제자들의 반응이 당혹스럽다. 예수님의 말씀을 듣고는 고작 한다는 얘기가 “와! 그러면 처음부터 결혼 안 하고 혼자 사는 게 낫겠네요?”였다. 음행의 허물이 없는 여자와 이혼하지 않고 계속 사는 것이 그렇게 힘든 일일까?

그런 제자들에게 예수님이 다시 말씀하신다. 사람마다 이 말을 받지 못하고 오직 타고난 자라야 하는데, 어머니의 태로부터 된 고자도 있고 사람이 만든 고자도 있고 천국을 위하여 스스로 된 고자도 있다고 하면서 이 말을 받을 만한 자는 받으라고 하셨다.

어머니의 태로부터 된 고자는 선천적으로 고자로 태어난 사람이고, 사람이 만든 고자는 궁궐에서 환관이 되기 위하여 생식기를 제거한 사람이다. 그런 사람만 있는 것이 아니다. 천국을 위하여 스스로 된 고자도 있다. 주후 3세기 알렉산드리아의 교부 오리겐(Origen of Alexandria)이 이 말씀을 문자 그대로 받아들여서 스스로 거세했는데, 그런 사람을 말하는 것일까?

예수님이 손이나 발이 범죄하게 하거든 찍어 내버리라고 하셨다. 장애인이나 다리 저는 자로 영생에 들어가는 것이 두 손과 두 발을 가지고 영원한 불에 던져지는 것보다 낫기 때문이다. 그렇다고 해서 정말로 손이나 발을 찍어 내버리라는 뜻이 아니다. 그만큼 조심하고 또 조심하라는 뜻이다. 차라리 손이나 발이 없는 셈치고 지낼지언정

손이나 발을 이용해서 죄를 짓는 일은 없어야 한다.

천국을 위하여 스스로 된 고자도 마찬가지다. 신앙을 위해서 생식기를 제거한 사람을 말하는 것이 아니라 그만큼 절제해야 한다는 뜻이다. 하나님의 나라를 위해서 기꺼이 성 능력이 없는 사람처럼 지내는 것이다. 식욕이나 수면욕은 해소하지 않으면 살 수 없지만 성욕은 다르다. 얼마든지 없는 셈 치고 살 수 있다. 물론 아무한테나 할 수 있는 요구가 아니다. 그래서 "이 말을 받을 만한 자는 받을지어다"라고 한 것이다. 어쨌든 분명한 사실은 결혼에 대한 대안은 금욕뿐이다. 할 수 있느냐, 없느냐는 고려할 이유가 없다. 해야 하는 일인가만 따지면 된다.

너무 가혹한 처사 같지만 절대 그렇지 않다. 설마 하나님 뜻에 따르는 것이 학정에 시달리는 것일까? 어떤 사람에게 성적인 욕구가 있다고 해서 그것을 충족하는 일이 무조건 용인될 수는 없다. 아내가 중병을 앓아서 성생활이 불가능한 경우도 있을 수 있고, 남편을 일찍 떠나보낸 경우도 있을 수 있다. 그런 극단적인 사례가 아니라도 요즘은 결혼이 상당히 늦어지는 추세다. 삼십 대 중반에 미혼인 사람을 쉽게 볼 수 있다. 그들 모두 성적인 순결을 요구받는 셈이다. 그것이 가혹한 처사일까? 우리의 문제는 언제나 인간의 욕구는 과대평가하고 하나님의 뜻은 과소평가하기 때문에 발생한다. 이스라엘이 홍해 앞에서 모세를 원망하며 한 말이 생각난다. "우리가 애굽에서 당신에게 이른 말이 이것이 아니냐 이르기를 우리를 내버려 두라 우리가 애굽 사람을 섬길 것이라 하지 아니하더냐 애굽 사람을 섬기는 것이 광야에서 죽는 것보다 낫겠노라"(출 14:12) 자기들을 향한 하나님의 뜻에는 관심 없다. 자기들의 욕구가 문제일 뿐이다. 하나님의 뜻은 자기들의 구원이고 자기들의 욕구는 애굽에서 종으로 사는 것이지만 그런 차이는 알 바 아니다.

애기의 시작은 어떤 경우에 아내를 버릴 수 있느냐는 질문이었다. 그때 예수님은 하나님이 부부를 허락하신 본래 의도대로 살아야 한다고 하셨다. 저녁 메뉴가 뭐냐는 질문에 밥을 먹었으면 밥값을 할 궁리를 하라고 답한 격이다. 그런 예수님의 말씀이 상당히 파격적으로 들린 모양이다. 그때 제자들이 보인 반응은 차라리 결혼을 하지 않으면 그런 골치 아픈 일이 없을 것 아니냐는 것이었다. 그런 제자들에게 예수님께서 말씀하셨다. "혼자 산다고 해서 그것으로 무조건 합격이 아니다. 왜 혼자 사는지 따져 봐야 한다. 하나님의 나라를 위하여 혼자 산다면 무방할 수 있지만 그게 아니라면 의미가 없다."

결혼에 대한 예수님 말씀은 제자들로서는 도무지 헤아릴 수 없는 것이었다. 오죽하면 차라리 포기하는 것이 낫겠다고 할 정도였다. 지금 상황으로 바꾸면, 현대인이 하나님께서 예비하신 결혼 제도의 복락을 이해하는 것은 불가능한 것과 같다. 바울이 고린도교회에 편지를 쓰면서 "육에 속한 사람은 하나님의 성령의 일들을 받지 아니하나니 이는 그것들이 그에게는 어리석게 보임이요, 또 그는 그것들을 알 수도 없나니 그러한 일은 영적으로 분별되기 때문이라"(고전

     동성애를 말하다

2:14)라고 한 그대로다. 결혼의 의미도 육에 속한 사람에게는 어리석게 보인다. 아는 사람만 안다.

토론을 위한 질문

1) 주님은 절대 우리를 버리지 않습니다. 우리가 먼저 주님을 버리지만 않으면 됩니다. 물론 우리도 주님을 버리지 않습니다. 그러면 잠깐이라는 이유로 주님을 외면한 적도 없을까요? 혹시 주님이 모른 척해주기를 바란 일이 있었다면 어떤 일이었을까요?

2) 권리에는 민감하면서 의무에 둔감한 사람은 참 꼴불견입니다. 그러면 하나님께 자기를 구원한 주권은 인정하면서 자기 삶의 주권은 인정하지 않는 처사는 어떤가요? 혹시 그런 경험이 있으면 얘기해 봅시다.

3) 우리의 문제는 언제나 인간의 욕구는 과대평가하고 하나님의 뜻은 과소평가하기 때문에 발생합니다. 심지어 출애굽 당시의 이스라엘은 자기들을 구원하려는 하나님의 뜻과 애굽에서 계속 종으로 살고 싶다는 자기들의 욕구를 맞바꾸고 싶어 했습니다. 이런 사례를 아는 대로 얘기해 보세요.

어떤 동성애자의 고뇌

어떤 사람이 있다. 기왕이면 어려서부터 교회에서 자랐다고 하자. 밥 먹기 전에 기도도 하고, 수련회를 빠진 적도 없다. 고등학교를 졸업한 다음부터는 찬양대원으로 봉사도 한다. 그런데 언제부터인지 고민이 생겼다. 자기한테 동성애 취향이 있는 것이다. 여학생들만 있는 여중이나 여고의 경우, 사내 같은 여학생이 인기가 있다고 하지만 그 정도 감정이 아니다. 유아세례를 받은 데 이어 입교식도 마쳐서 자기가 하나님의 백성인 것을 믿어 의심치 않는데, 자기한테 왜 이런 혐오스러운 정서가 있단 말인가?

동성애는 원인을 모른다. 한동안 유전이라는 얘기가 있었다. 1993년에 해머(Dean H. Hamer)가 주장했는데, Xq28이라는 유전자가 동성애와 관계있다고 한 것이다. 나중에 이런 주장에 의문을 품은 라이스(George Rice)가 문제의 Xq28 유전자를 분석한 결과, 이 유전자가 동성애와 아무 관계가 없다는 사실을 밝혀냈다. 그러자 동성애가 유전이라고 주장했던 해머가 속한 연구팀이 다시 조직되어 재조사에 들어갔는데, 동성애와 Xq28 유전자는 아무 상관이 없다고 최종 결론을 내렸다. 지난 2005년의 일이다. 게다가 나중에 해머가 동성애자라는 사실이 밝혀져서 그의 연구는 더욱 신빙성을 잃었다.

첨언하면, 동성애가 유전이라고 하는 잘못된 연구 결과는 세계 언론이 경쟁적으로 보도했는데 유전이 아니라는 연구 결과에 대한 보도는 소극적이었다. 언론이 중립적이 아니라는 뜻이다. 혹시 어렴풋한 들은풍월로 동성애를 유전으로 알고 있는 사람이 있다면 그런 언론 보도 행태가 한몫한 셈이다. 유감스럽지만 우리가 사는 세상 풍토가 그렇다.

각설하고, 이런 연구 결과가 아니라도 동성애는 유전일 수 없다. 동성애로는 후사가 이어질 수 없는데 어떻게 유전된단 말인가? 보통의 가계에서 여러 세대를 거치면서 조금씩 동성애 성향을 보이는 사람이 나오더니 결국 동성애자가 나온 것 아니냐고 할 수 있을지 몰라도 그런 증거는 없다. 보통의 가계에서 돌연 동성애자가 나온다. 게다가 일란성쌍둥이의 경우를 봐도 그렇다. 동성애가 유전이라면 일란성쌍둥이의 어느 한쪽이 동성애자일 경우, 다른 쪽도 동성애자라야 하는데 그런 연구 결과는 확인된 바 없다.

어쨌든 원인을 모른다는 얘기는 치료 방법도 모른다는 뜻이다. 여기에 문제의 심각성이 있다. 선택할 수 있는 길은 두 가지다. 동성애를 합리화할 수도 있고, 동성애 성향을 부인하면서 열심히 내적 갈

    동성애를 말하다

등과 싸울 수도 있다. 단, 어느 쪽을 택하든지 쉽게 만족에 이를 수는 없을 것이다.

전자 쪽으로 마음을 정했다고 하자. 예수님은 우리 모습 그대로 사랑하시는 분인데 뭐가 문제가 되느냐고 할 수도 있고, 예수님은 죄인의 친구라고 하면서 애써 동성애 성향을 합리화할 수 있다. 자기가 원해서 동성애자가 된 것이 아니라 이렇게 태어난 것을 어떻게 하느냐고 항변할 수도 있고, 세상에는 동성애보다 나쁜 죄가 얼마든지 있다고 할 수도 있다. 동성애보다 전쟁이나 집단 학살이 훨씬 더 악하다고 하면 일리 있게 들리기도 한다. 예수님은 간음 중에 잡힌 여인도 긍휼히 여겼다는 사실을 내세울 수도 있고, 예수님은 과부나 고아, 병자 같은 소외 계층을 사랑했다고 할 수도 있다. 예수님은 한 번도 동성애를 지적한 적이 없다고 할 수도 있다. 성경에서 가장 강조하는 것이 사랑이니 서로 진실되게 사랑하기만 하면 되지 않느냐고 할 수도 있다. 심지어 다윗과 요나단도 동성애 관계였다는 말을 들은 적도 있다.

이런 사실들을 떠올리면 위안이 될까? 아마 아닐 것이다. 십중팔구, 자기 항변이 옳지 못하다는 사실을 스스로 알기 때문이다.

예수님은 우리 모습 그대로 사랑하시는 분이다. 사랑은 모든 것을 감싸 주고 이해해 준다. 우리가 지금보다 더 심한 죄에 빠진다고 해도 그 사랑은 변하지 않을 것이다. 그렇다고 해서 죄를 용인하지는 않는다. 예수님의 사랑은 우리가 죄를 즐기도록 방임하는 것으로 나타나지 않고 우리를 고치는 원동력으로 나타난다. 예수님은 우리가 무엇을 하든지 우리를 사랑하신다. 지금보다 더 사랑할 수도 없고, 덜 사랑할 수도 없다. 단, 기뻐하는 것은 다르다. 한때 "나 주님의 기쁨 되기 원하네"라는 복음성가가 유행했던 적이 있는데, 주님의 기쁨이 되려면 무엇을 해야 할까? 자기 하고 싶은 대로 하면서 주님께서 자기를 기뻐하시기를 바라는 것은 모순이다.

예수님은 죄인의 친구다. 우리가 정한 것이 아니라 예수님이 그렇게 말씀하셨다. 무슨 뜻일까? 언제나 우리를 편들어 주고, 항상 우리를 위해 준다는 뜻일까? 무슨 일이든지 말만 하면 늘 우리를 도와주신다는 뜻일까?

너희는 내가 명하는 대로 행하면 곧 나의 친구라(요 15:14)

예수님이 "우리는 친구다. 친구 좋은 게 뭐냐? 힘든 일이 있으면 말만 해라. 나는 항상 너희 편이다."라고 하지 않았다. "내 말 잘 들어라. 그러면 친구 시켜 줄게."라고 했다. 시키는 대로 하면 친구가 아니라 부하 아닐까?

친구 사이에는 우열이 없다. 하지만 예수님과 우리 사이에는 존재론적으로 차이가 있는데 그 차이를 메울 수 있는 방법이 순종이다. 우리가 예수님 말씀에 순종하면 우리한테서 예수님 수준이 나오게 된다. 열 번에 한 번 순종하면 열 번에 한 번 예수님 수준이 나오고,

열 번에 다섯 번 순종하면 열 번에 다섯 번 예수님 수준이 나오고, 열 번에 열 번 순종하면 열 번에 열 번 예수님 수준이 나온다.

예수님이 우리를 친구라고 하신 것은 우리한테 혜택을 주신다는 뜻이 아니라 우리를 예수님과 같은 반열로 초대하신다는 뜻이다. 우리가 예수님처럼 되는 것이 구원이기 때문이다. 혹시 동성애자가 이 사실을 떠올린다면 예수님이 동성애 성향을 이해해 주시기를 바랄 것이 아니라 모질게 마음먹고 동성애 성향을 버리기로 작정해야 한다. 여기에 대해 존 스토트(John R. Stott, 1921-2011) 목사는 그의 책 〈존 스토트의 동성애 논쟁〉에서 "예수님께서 우리를 친구로 삼아 주신 것은 참으로 놀라운 일이다. 그러나 예수님은 우리를 구원하고 변화시키기 위해서 환대하시지, 우리를 죄 가운데 내버려두기 위해서 그렇게 하시는 것이 아니다. 하나님의 말씀과 뜻에 대항하여 마음을 굳게 하는 사람을 용납하겠다는 약속은 애초에 주어지지 않았다."라고 했다.

태어날 때부터 동성애 성향을 갖고 태어났기 때문에 어쩔 수 없다고 항변할 수도 있다. 하나님이 자기를 그렇게 만들었다는 것이다. 이성애자에게 이성애가 자연스러운 것처럼 동성애자는 동성애가 자연스럽다고 한다. 남녀 간의 사랑이 아름다운 것처럼 동성애 역시 하나님께서 이 세상에 허락하신 다양한 은총의 한 모습이라며, 자기와 다르다는 이유로 동성애를 혐오스럽게 생각하는 것은 편견일 뿐이라고 하면 뭐라고 해야 할까?

모든 사람은 죄인으로 태어난다. 우리는 타락한 피조물이다. 그런 우리 욕구를 존중해야 할까? 동성애 성향은 충족시켜야 할 욕구가 아니라 다스려야 할 유혹이다. 자기에게 있는 욕구 때문에 갈등을 겪지 않는 사람은 없다. 특히 기독교 신앙을 고백하는 사람이라면 사람의 본성이 악하다는 사실을 누구나 인정한다. 그러면서 본성을 행위의 근거로 삼으려는 것은 억지 논리에 불과하다. 자유의지는 죄를 택할 때 쓰라고 있는 것이 아니라 죄를 뿌리칠 때 쓰라고 있는 것이다.

세상에는 동성애보다 나쁜 죄가 얼마든지 있다는 주장은 어떨까? 창조 질서를 해치는 죄로는 전쟁이나 대량 학살이 으뜸 아닐까? 자기가 사는 동네에 동성애자가 사는 것도 꺼림칙하지만 살인자가 사는 것하고는 비교가 안 된다. 하지만 논지에서 벗어난다. 그런 식의 비교가 무슨 의미가 있단 말인가? 받아쓰기 시험에 30점을 받고는, 자기 짝꿍은 20점이라고 하는 것 같다. 동성애보다 큰 죄가 있으면 동성애가 합리화될까? 중국집에 갔다고 해서 꼭 짜장면이나 짬뽕 중에서 하나를 주문할 필요는 없는 것처럼 동성애와 전쟁 중에서 하나를 골라야 하는 것도 아니고, 우리 이웃으로 동성애자와 살인자 중 한 사람을 선택해야 하는 것도 아니다.

예수님이 간음 중에 잡힌 여자도 긍휼히 여기셨다는 얘기는 어떨까? 예수님이 간음 중에 잡힌 여자를 긍휼히 여기신 것처럼 동성애자도 긍휼히 여기지 않겠느냐는 논리인데, 그러면 예수님이 그 여인

    동성애를 말하다

의 간음 행위를 인정했을까? 그때 예수님이 그 여자에게 말씀하신 골자는 "가서 다시는 죄를 범하지 말라"였지, "다음부터는 조심해서 간음을 즐겨라"가 아니었다. 아버지가 탕자를 아들로 맞아 준 것은 다시 가출할 기회를 주려는 것이 아니라 정상적인 아들로 살게 하려는 것이었던 것처럼, 예수님이 간음 중에 잡힌 여자를 긍휼히 여긴 것은 다시 간음할 기회를 주시려는 것이 아니라 죄 없는 삶을 살게 하기 위해서였다. 그때 예수님이 그 여자를 정죄했으면 그 여자는 죄인으로 죽어야 했지만 예수님이 용서하셨으니 의인으로 살 기회를 얻은 것이다.

예수님은 가난한 자나 과부, 고아, 병자 같은 소외 계층을 사랑했다는 주장은 어떨까? 동성애자가 소외 계층이면 비빌 언덕이 될 수 있는데, 과연 그럴까? 성경은 가난한 자나 장애인을 소외 계층으로 말하지만 동성애자를 소외 계층으로 말하지는 않는다. 맹인이나 나병환자, 고아, 과부는 의지의 문제가 아니지만 동성애는 다르기 때문이다.

성경에는 예수님이 동성애를 지적하는 내용이 없다는 말도 들은 적이 있는데, 그럼 예수님이 동성애를 지지하셨을까?

딸이 초등학교 6년을 보내면서 가장 가깝게 지낸 친구가 자전거였다. 나는 신학생이었고 아내는 초등학교 교사였기 때문에 딸은 초등학교 입학과 함께 홀로서기를 해야 했다. 학교를 마치고 오면 아무도 없는 빈집에서 엄마가 출근 전에 차려 둔 밥을 스스로 챙겨 먹고는 하루 종일 자전거를 타고 동네를 다니면서 놀았다.

중학생이 되었다. 남녀 공학이었다. 신입생을 위한 안내문에 "남학생은 자전거를 타고 등교하면 안 됩니다"라는 내용이 있었다. 딸이 그 문장을 보며 반색했다. "아빠! 봐봐! 남학생이 안 되는 거야. 여학생은 관계없어. 그지?" 예수님이 동성애를 지적하지 않았다는 얘기가 그런 식이다.

> 또 이르시되 사람에게서 나오는 그것이 사람을 더럽게 하느니라 속에서 곧 사람의 마음에서 나오는 것은 악한 생각 곧 음란과 도둑질과 살인과 간음과 탐욕과 악독과 속임과 음탕과 질투와 비방과 교만과 우매함이니 이 모든 악한 것이 다 속에서 나와서 사람을 더럽게 하느니라(막 7:20-23)

예수님이 사람에게서 나오는 악한 생각이 사람을 더럽게 한다고 하면서 음란, 도둑질, 살인, 간음, 탐욕, 악독, 속임, 음탕, 질투, 비방, 교만, 우매함을 말씀하셨다. 성적인 죄가 세 가지나 나온다. 음란과 간음, 음탕 중에서 한 가지만 말씀하셔도 될 텐데 따로 말씀하셨다. 설마 예수님께 이 말씀을 직접 들으면서 "동성애는 해당 사항이 없구나"라고 생각한 사람이 있었을까?

성경에서 가장 강조하는 것이 사랑이니 진실되게 사랑하기만 하면 되는 것 아니냐는 말은 어떨까? 차제에 우리는 진실된 것이 어떤 것인지 분별할 수 있어야 한다. 성경은 마귀를 거짓의 아비라고 한다. 거짓은 사실과 다른 것이 아니고 마귀에게 속한 것이다. 그러면 하나님께 속한 것은 진실한 것이 된다.

지난 1995년에 개봉한 〈메디슨카운티의 다리〉라는 영화가 있다. 클린트 이스트우드(Clint Eastwood, 1930-)가 직접 감독과 주연을 맡은 영화로, 로버트 제임스 윌러(Robert James Waller, 1939-2017)가 쓴 동명의 실화 소설이 그 원작이다. 우리나라에서도 세 차례나 뮤지컬로 제작되었다.

프란체스카라는 여자가 죽으면서 유언을 남겼다. 자기 시신을 화장해서 메디슨카운티의 다리에 뿌려 달라는 것이었다. 남편이 마련한 묘지가 있는데도 한사코 화장을 고집하는 것을 그 아들과 딸은 이해하지 못했다. 그러다가 어머니의 일기장을 보게 되었다.

프란체스카가 사는 마을에 어느 날 로버트 킨케이드라는 매력적인 사진작가가 찾아온다. 로버트 킨케이드가 프란체스카에게 길을 묻는 것을 시작으로 두 중년 남녀 사이에 사랑이 싹튼다. 그리고 나흘 동안 뜨거운 사랑에 빠지게 된다. 지금까지 살아온 모든 날이 그 나흘을 위해서 존재했던 것으로 생각될 만큼 뜨거운 사이가 되었다. 그 나흘이 아니었으면 인생에 아무런 의미가 없다는 생각이 들 정도였다. 나흘째 되는 날, 로버트 킨케이드가 프란체스카에게 자기와 함께 떠날 것을 권유하는데, 프란체스카가 거절한다. "저도 같이 가고 싶어요. 하지만 같이 가면 가족을 버렸다는 죄책감 때문에 언젠가 당신을 사랑하지 않게 될 거에요. 그래서 당신을 사랑하지만 같이 가지는 못하겠어요.”라는 것이 프란체스카의 얘기였다. 자기를 화장해서 메디슨카운티의 다리에 뿌려 달라고 했던 이유인즉슨, 살아 있는 동안에는 자기가 사랑하는 로버트 킨케이드와 함께하지 못했지만 죽어서라도 함께하고 싶었기 때문이다.

소설로 출판된 내용이 영화로 개봉되고, 다시 뮤지컬로 제작될 정도라면 상당히 인기가 있었다는 뜻이다. 그 영화를 본 사람들은 마치 이 세상에서 가장 아름다운 사랑을 본 듯한 착각에 빠졌을 것이다. “나도 저런 사랑을 한번 해 보았으면…”하는 생각을 한 사람이 한둘이 아니었을 것이다. 하지만 그것은 사랑이 아니다. 소설이나 영화, 뮤지컬에서 아무리 아름답게 묘사했어도 불륜에 불과하다.

사람들의 눈에는 그것이 아름답게 보인다. 무엇이 선이고 무엇이 악인지, 어떤 것이 진실이고 어떤 것이 거짓인지 그 기준이 무너졌기 때문이다. 그런 줄거리가 세간의 이목을 끄는 것은 세상이 부패한 탓이다. 자기가 아무리 진실된 사랑이라고 우겨도 불륜은 불륜이다. 그 영화가 얼마나 추잡한 내용인지 알려면 그 영화의 주인공에 자기 배우자를 대입해 보면 된다.

다윗과 요나단이 동성애 관계였다는 얘기에 동조하는 사람이 얼마나 될까? 그런 주장을 읽고 경악했던 기억이 있다. 성경에서 다윗과 요나단이 상당히 각별한 사이로 묘사되는 것은 맞다. 요나단의 마음이 다윗의 마음과 하나가 되어 요나단이 그를 자기 생명같이 사

　　　　　　　　　　　　　　　　　동성애를 말하다

랑했다고도 하고(삼상 18:1), 요나단이 다윗을 심히 좋아했다고도 하고(삼상 19:1), 요나단이 자기 생명을 사랑함같이 다윗을 사랑했다고도 한다(삼상 20:17). 다윗이 요나단을 추모하면서, 자기를 향한 요나단의 사랑이 여인의 사랑보다 더했다고 말하기도 한다(삼하 1:26). 그렇다고 해서 그런 구절이 동성애의 근거가 될까?

다윗과 요나단에게는 공통점이 있다. 일찍이 요나단이 블레셋과의 싸움에 임하면서 "여호와의 구원은 사람의 많고 적음에 달리지 않았다"(삼상 14:6)라고 했는데, 다윗도 골리앗과 싸우면서 "전쟁은 여호와께 속한 것"(삼상 17:47)이라고 했다. 같은 신앙 고백을 나누는 사람끼리 마음이 맞을 것은 당연하다. 그것만이 아니다. 요나단도 블레셋을 향하여 "할례 받지 않은 자"라고 했고(삼상 14:6), 다윗도 골리앗에게 같은 말을 했다(삼상17:36). 사울도 같은 표현을 썼지만(삼상 31:34) 요나단과 다윗은 하나님을 향한 충성심에서 나온 표현인 반면, 사울은 종교적인 우월감을 표현한 것에 불과했다. 특히 사울은 다윗이 자기를 대신하는 이스라엘의 왕이라는 사실을 한사코 부인하려 든 데 반해서 요나단은 사울의 왕위가 자기가 아닌 다윗에게 가야 한다는 사실을 인정했다. 그런 다윗과 요나단이 각별한 사이로 묘사되지 않으면 그것이 오히려 이상하지 않을까?

동성애를 아무리 합리화하려고 해도 결국 인지부조화에 시달리게 된다. 흡연이 건강에 안 좋은 것을 알면서도 계속 담배를 피우려니 혼자 "담배 피우면서도 건강하게 오래 산 사람이 얼마든지 있어", "담배가 나쁘기만 한 것이 아냐. 스트레스 해소에 이보다 더 좋은 게 없어."라고 우겨 보지만 그게 사실이 아닌 것을 스스로 모를 리가 없다.

그러면 동성애 성향을 부인하면서 열심히 내적 갈등과 싸우는 것은 어떨까? 기도원에 들어가서 일주일이든 열흘이든 작정해서 금식 기도를 하면 효과가 있지 않을까? 사실 그렇게 하는 것으로 동성애 성향을 떨쳐버릴 수 있다면 동성애가 사회적인 이슈가 되는 일도 없을 것이다. 어쩌면 평생 끝나지 않는 싸움을 싸워야 할지도 모른다. 너무 불합리한 일일까?

바울에게는 육체의 가시가 있었다. 그것이 무엇이었는지 모르지만 여간 불편하고 고통스러운 게 아니었을 것이다. 사역에도 상당한 방해가 되었을 것이 뻔하다. 그것이 자기에게서 떠나가기를 세 번 주께 간구하였지만 들어 주지 않으셨다. 그 가시가 무엇이었을까?

성경에 나와 있지 않으니 알 수는 없고, 이런저런 주장만 있을 뿐이다. 우선 눈병이었을 것이라는 얘기가 있다. 갈라디아서 4장 15b절에 "너희가 할 수만 있었더라면 너희의 눈이라도 빼어 나에게 주었으리라"라고 되어 있다. 또 갈라디아서 6장 11절에는 "내 손으로 너희에게 이렇게 큰 글자로 쓴 것을 보라"라고 되어 있다. 이런 구절을 근거로 바울이 시력 때문에 고생했을 것이라고 하면서, 그 가시가 눈병이었을 것이라고 한다. 간질이라는 주장도 있다. 갈라디아서 4장 14절에 "너희를 시험하는 것이 내 육체에 있으되 이것을 너희가 업신여기지도 아니하며 버리지도 아니하고 오직 나를 하나님

　　　　　　　　　　　　　　　　　　　　동성애를 말하다

의 천사와 같이 또는 그리스도 예수와 같이 영접하였도다"라고 되어 있다. 바울이 설교를 하다 말고 간질로 발작이라도 하면 그보다 더한 시험거리가 어디 있을까? 바울에게 있는 육체의 가시 때문에 갈라디아교회 교인들이 시험을 받는다면 간질만한 질병이 없다. 게다가 고대 사회에서는 간질을 사탄이 주는 병으로 여겼는데, 바울이 자기에게 있는 육체의 가시를 사탄의 사자라고 했다. 이런 내용을 근거로 간질이었을 것이라고도 한다. 다른 주장도 있다. 정신적인 고통이나 우울, 불안, 트라우마 같은 심리적인 문제였을 것이라고도 하고, '사탄의 사자'라는 표현을 근거로 유대주의자나 거짓 사도처럼 바울을 지속적으로 괴롭히는 특정 인물이었을 수 있다고도 한다. 이 안에 답이 있을 수도 있지만 어쩌면 우리가 상상할 수 없는 다른 문제일 수도 있다.

혹시 그 육체의 가시가 동성애적 성향이었으면 바울이 어떻게 처신했을까? 기도를 했지만 하나님이 들어 주지 않으셨으니, 바울이 선택할 수 있는 길은 동성애 성향을 합리화하면서 지내는 것과 동성애 성향과 싸우면서 지내는 것, 둘 중 하나다. 그러면 당연히 후자를 택하지 않았을까?

바울이 사람들에게 복음을 전한다. 구약성경에서 예언한 메시아가 바로 예수님이라는 사실도 얘기하고, 할례나 율법이 문제가 아니라 믿음이 관건이라는 얘기도 한다. 이스라엘이 아브라함의 후손이 아니라 예수님을 구주로 고백하는 우리가 아브라함의 후손이라는 말도 한다. 아울러 구원 얻은 하나님의 백성은 어떻게 살아야 하는 지도 얘기한다. 밤이 깊고 낮이 가까웠으니 어둠의 일을 벗고 빛의 갑옷을 입자는 말도 하고, 오직 주 예수 그리스도로 옷 입고 정욕을 위하여 육신의 일을 도모하지 말라는 말도 한다.

누군가 손을 들고 질문한다. "동성애 성향이 있는 경우에는 어떻게 해야 합니까? 동성애자가 되고 싶어서 된 게 아닙니다. 제 의사와 관계없이 이렇게 태어났습니다. 이런 경우에는 제 성향을 존중해 줘야 하는 것 아닙니까?"

답은 간단하다. "예, 사실 저도 그렇습니다."라고 하면 된다. 바울은 당연히 동성애 성향으로 인한 고통을 감내하면서 살았을 것이다. 자기 인생을 원망하면서 마지못해 살지 않았을 것이다. "내가 달려갈 길과 주 예수께 받은 사명 곧 하나님의 은혜의 복음을 증언하는 일을 마치려 함에는 나의 생명조차 조금도 귀한 것으로 여기지 아니하노라"라고 당당하게 고백하면서 살았을 것이다. 그런 고백이 설마 동성애 성향 따위에 흔들렸을까? 조선 시대 과부들은 송곳으로 허벅지를 찌르며 긴 밤을 보냈다고 한다. 생명력 없는 유교 문화에 근거해서도 그랬다면 우리가 그보다 못할 까닭이 없다.

먼저 염두에 두어야 할 사실이 있다. 동성애 성향이 있는 것과 그런 성향을 몸으로 나타내는 것을 구별해야 한다. 동성애 성향이 있는 것은 선택의 영역이 아니지만 그것을 실제 삶의 방식으로 실천하는 것은 선택의 영역이다. 무엇보다 우리에게는 자유의지가 있다.

그렇게 태어난 것을 어떻게 하느냐는 말은 스스로 자유의지를 부인하는 처사밖에 안 된다.

일찍이 루터(Martin Luther, 1483-1546)가 한 말이 있다. "새가 머리 위로 날아가는 것은 별수 없지만 머리에 둥지를 틀지는 못하게 해야 한다." 우리한테 죄에 속한 욕구가 있는 것은 어쩔 도리가 없다. 하지만 그 욕구와 타협한다면, 그것은 자기 책임이다. 성적 욕구라고 해서 예외일 수 없고, 동성애적 성향 또한 마찬가지다.

하나님께서 자기를 동성애자로 만들었다고 하지 말자. 우리에게 왜곡된 욕망이 있는 것은 이 세상에 죄가 있음을 보여 주는 것이지, 하나님께서 의도적으로 그렇게 만들었다는 뜻이 아니다. 누군가에게 동성애 성향이 있다고 해서 그가 다른 사람보다 더 심하게 하나님을 거역한다는 표시도 아니고, 하나님이 그를 다른 사람보다 유난히 무거운 죄에 빠지도록 버려두었다는 표시도 아니다. 고난으로 바꿔서 생각하면 쉬 이해할 수 있다. 어떤 사람이 극심한 고난 중에 있다고 해서 다른 사람보다 더 큰 죄를 지었기 때문이 아니다. 하나님이 그를 미워하시기 때문도 아니다. 욥의 경우가 바로 그렇다. 이 세상에 고난이 있는 것은 이 세상에 하나님의 구원이 필요하기 때문이다. 마찬가지로 누군가에게 동성애 성향이 있다는 것은 이 세상이 부패했기 때문에 우리의 보편적인 정서 역시 부패했다는 사실을 상기시켜 준다. 우리는 다 같이 하나님을 거부했고, 다 같이 죄에 팔렸다. 기독교 신앙을 고백하는 사람도 병에 걸릴 수 있는 것처럼 동성애 성향이라고 해서 예외가 아니다. 기독교 신앙은 동성애와 무관한 것으로 나타나는 것이 아니라 그런 일이 있을 때 어떻게 반응하는지로 나타난다.

> 음행하는 자나 우상 숭배하는 자나 간음하는 자나 탐색하는 자나 남색하는 자나 도적이나 탐욕을 부리는 자나 술 취하는 자나 모욕하는 자나 속여 빼앗는 자들은 하나님의 나라를 유업으로 받지 못하리라 너희 중에 이와 같은 자들이 있더니 주 예수 그리스도의 이름과 우리 하나님의 성령 안에서 씻음과 거룩함과 의롭다 하심을 받았느니라(고전 6:9b-11)

"너희 중에 이와 같은 자들이 있더니"라고 했으니 한때 음행이나 우상 숭배, 간음, 탐색, 남색 등에 빠졌다가 그런 삶을 청산한 사람이 있다는 뜻이다. "동성애 얘기는 없지 않으냐?"라고 할지 모르지만, 동성애라고 예외일까?

"약할 때 강함 되시네"라는 찬양이 있다. 원제목이 〈You are my strength when I am weak〉이다. 데니스 서니건(Dennis Jernigan, 1959-)이 작사, 작곡했다. 데니스 저니건은 한때 동성애자였지만 예수님을 만난 후 동성애를 극복하고 지금의 아내와 결혼하여, 찬양을 통해 이를 간증하는 사역을 하고 있다. 동성애 극복 사례로는 가장 유명하지 않나 싶은데, 해피가정사역연구소 소장 서상복 목사에 따르면 교회의 꾸준한 상담과 돌봄으로 동성애를 벗어난 사례가 얼마든지 있다고 한다.

기윤실(기독교윤리실천운동)에서 펴낸 〈동성애에 대한 기독교적 답변〉에도 동성애에서 벗어난 사례가 소개되어 있다. 우선 이요나 목사가 그렇다. 어렸을 때부터 동성애 성향을 보이던 이요나 목사는 성폭행을 당한 다음부터 동성애에 중독되어서 빠져나오지 못했다고 한다. 그런 그가 신앙을 통해 43살에 본래의 성으로 돌아왔다고 고백했다. 앤드류 코미스키(Andrew Comiskey)도 있다. 모태 신앙으로 태어났지만 사춘기에 접어들면서 동성애에 매력을 느끼게 되었고, 대학 졸업 후에는 동생애자로 생활했다. 그러던 중 어떤 파티에서 집단 강간을 당하고는 진지한 고민에 빠졌으며 1976년 11월에 친구들의 도움을 받아 기독교인으로 거듭났다. 1981년에 빈야드 크리스천 펠로우십(Vineyard Christian Fellowship)에서 목사 안수를 받았으며 현재 동성애 회복 운동에 전념하고 있다.

아쉬운 것은 이런 사례를 일반화할 수 없다는 사실이다. 우리가 믿는 하나님은 얼마든지 기적을 행하실 수 있는 분이다. 하나님의 은혜로 말기 췌장암 환자가 나을 수도 있고, 아파트를 팔아서 건축 헌금을 했더니 3년 만에 빌딩이 두 채 생길 수도 있다. 로또복권이 일주일에 여덟 번 당첨될 수도 있을 것이다. 하지만 그런 일은 극소수다. 대부분은 아무런 기적 없이 일상적인 삶을 살아간다. 나는 대학 졸업하고 보험회사에 근무하다가 신학을 했다. 당시 보험회사에는 월수입 백만 원이 넘는 영업 사원이 더러 있었다. 그들을 모델로 삼고 열심히 하자고 조회 때마다 부추겼다. 하지만 모델은 모델일 뿐이다. 영업 사원 대부분의 수입은 그 근처에도 못 미쳤다.

간증의 허점이 바로 그렇다. 그런 사실이 있는 것을 부인하지는 않지만 그것을 소망의 근거로 삼으라고 권면하는 것은 무리다. 신앙은 예외적인 은총으로 나타나는 것이 아니라 일상적인 힘으로 나타나야 한다. 성경에는 하나님이 우리의 모든 눈물을 씻어 주신다는 약속이 있지만 아직은 그때가 아니다.

김병년 목사가 쓴 책, 〈난 당신이 좋아〉에서 읽은 내용을 소개한다. 김병년 목사의 아내가 셋째 아이를 출산하다가 식물인간이 되고 말았다. 아내를 위해서 기도에 매달릴 것은 당연한 일이다. 한번은 기도원에 들어가서 20일 작정 금식기도를 했다. 기도원에서 듣는 설교는 언제나 "어려움을 만났을 적에 하나님을 만나면 모든 문제가 해결됩니다"라는 요지였다. 병원에서도 포기한 폐병 환자가 기도로 건강을 회복했다는 간증도 있었고, 교회 건물이 무너졌는데 기도로 교회를 새롭게 건축했다는 간증도 있었다.

"믿음으로 나아가십시오!"

"아멘!"

"하나님은 반드시 응답하십니다."

"아멘!"

"하나님을 사랑하십니까?"

 동성애를 말하다

"아멘!"

"하나님은 치료해주시는 분인 줄 믿습니까?"

"아멘!"

"여러분을 낫게 해주실 줄 믿습니까?"

"아멘!"

'아멘' 소리가 하늘을 찌르고 땅을 뒤흔든다. 자기가 처한 상황에 하나님께서 친히 개입하시기를 마음을 다해 간구한다.

김병년 목사도 기도 중에 응답을 받았다. "병년아, 나는 네 안에 있다. 너의 우편에, 너의 좌편에, 그리고 앞뒤, 위아래 어디든지 다 있다. 내가 너를 보고 있다. 너의 소리를 듣고 있다." 김병년 목사가 퉁명스럽게 대꾸했다. "하나님, 제 안에만 계시면 뭘 합니까? 제 이야기를 듣기만 하면 뭘 합니까? 들었으면 뭘 좀 하셔야 하는 것 아닙니까?" 김병년 목사는 그때 "나는 네 안에 있다"라는 말씀이 참 싫었다고 한다. 자기가 원하는 것은 상황을 바꿔 주는 것인데, 상황은 바꿔 주지 않고 같은 말씀만 되풀이하기 때문이었다.

어쩌면 우리가 늘 경험하는 일일 수 있다. 하나님이 우리와 함께하신다는 사실을 모르는 사람은 없다. 그런데 하나님은 늘 함께하기만 하신다. "힘들지? 내가 다 알고 있어."라고만 하시고, 힘든 상황을 고쳐 주지는 않으신다. 그 전능하신 손길로 잠깐만 도와주시면 모든 문제가 말끔하게 해결될 텐데, 좀처럼 움직이지 않으신다. 항상 말로만 "내가 너를 사랑한다. 내가 언제나 너와 함께한다."라고 하신다.

신앙의 고갱이가 이 세상에서 예수 믿은 덕을 보는 것이 아니기 때문이다. "예수를 믿었더니 모든 문제가 풀리더라. 늘 만사가 형통하더라."라는 법은 없다. 40일 금식기도를 일 년에 열 번씩 해도 주님 다시 오시기 전에는 사망 권세에서 놓여나지 못한다. 이 세상을 살아가기 위한 고달프고 곤고한 짐이 누구에게나 있다. 주님께서 다시 오시기 전까지 인생은 어차피 힘겨운 것이 정상이다. 자기에게 있는 동성애 성향 때문에 기도하는 사람이라면 누구보다 깊이 공감할 것이다. 그러니 대체 어떻게 하라는 말인가?

'스톡데일 패러독스'라는 말이 있다. 베트남 전쟁 때 포로로 잡혔던 미군 장교 제임스 스톡데일(James Stockdale, 1923-2005)의 이름에서 연유했다. 제임스 스톡데일은 1965년부터 1973년까지 8년을 갇혀 지내면서 20여 차례의 고문을 당한 끝에 다리를 절게 되었다. 그러면서 최대한 많은 포로가 살아서 돌아갈 수 있게 한 전쟁 영웅으로 석방 후 3성 장군이 되었고, 1992년 대선 때는 부통령 후보로 나서기도 했다. 수용소 내에서 포로들이 좌절하는 것을 막고, 포로 생활을 견디도록 내부 통신 체계를 갖춰서 포로들 간의 의사소통을 지휘했다.

제임스 스톡데일이 인터뷰를 하게 되었다. 포로수용소에서 끝까지 견뎌내지 못한 사람들이 어떤 사람들이냐는 질문에 이렇게 답했다. "낙관주의자들이 문제였습니다. '크리스마스까지는 나갈 거야'라고 희망하다가 크리스마스가 지나면 '부활절에는 나갈 수 있을 거야'라고 합니다. 부활절도 지나면 추수감사절을 말하고, 다시 크리

동성애를 말하다

스마스를 말하고, 그러다가 상심해서 죽는 것을 보았습니다. 저는 여기서 중요한 교훈을 얻었습니다. 궁극적으로는 성공할 것이라는 믿음을 갖되, 눈앞에 닥친 냉혹한 현실을 직시하는 지혜를 가져야 합니다. 그래야 역경을 이겨낼 수 있습니다."

냉혹한 현실을 받아들이면서도 최종 승리에 대해서 흔들리지 않는 믿음을 갖는 이중성을 스톡데일 패러독스라고 한다. 단순히 희망을 얘기하는 것이 절망을 이기는 힘이 아니다. 결국 살아남은 사람들은 크리스마스 때는 나가지 못하지만 언젠가는 나갈 수 있다는 믿음을 잃지 않은 사람들이었다. 우리한테 적용하면 "지금 당장 눈앞에 있는 문제가 내 뜻대로 풀리지는 않는다고 해도 하나님의 은혜가 있는 이상 궁극적으로 승리한다"라는 믿음을 갖는 것이다. 동성애에 대해서도 물론 적용된다. 기적은 가능하지만 반드시 일어난다는 보장은 없다. 일어나지 않는다고 못 박는 것도 옳지 않지만 일어난다고 우기는 것도 곤란하다. 우리가 할 일은 하나님께서 하시는 일은 언제든지 옳다고 신뢰하는 일이다. 그 하나님이 이 세상의 주인이다.

토론을 위한 질문

1) 예수님은 우리 모습 그대로 사랑하시는 분입니다. 당연한 얘기인데 자주 오용되기도 합니다. 그 사랑에 감격해서 자신을 채찍질해야 하는데 오히려 자기의 불신앙을 합리화하기 때문입니다. 혹시 그런 사례를 알고 있으면 얘기해 보세요.

2) 예수님이 우리를 친구로 부르셨습니다. 우리가 그 부르심에 응답하기 위해서 가장 먼저 해야 할 일이 있다면 어떤 것일까요?

3) 하나님은 늘 우리와 함께하십니다. 우리가 매사에 실감하지 못할 뿐입니다. 그래서 스톡데일 패러독스가 중요합니다. 우리는 궁극적인 승리를 믿습니다. 스톡데일 패러독스가 필요한 상황이 있었다면 얘기해 보세요.

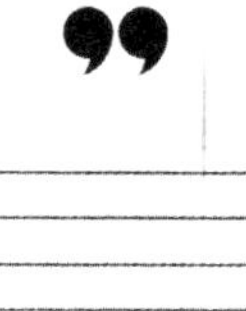

동성애와 구원

동성애자의 구원 문제는 어떻게 될까? 어쩌면 동성애자의 구원 가능성을 말하는 것을 구원에 대한 모독으로 여기는 사람이 있을 것도 같다. 그런 사람에게는 이런 질문조차 용납이 안 될 것이다. 하지만 지옥은 아무나 가는 곳이 아니라 예수를 안 믿는 사람이 가는 곳이다. 그러면 동성애자도 구원 얻을 수 있다고 해야 할까?

질문을 바꿔보자. 자살한 사람은 어떻게 될까? 성경 어디에도 자살하면 지옥 간다고 단정할 수 있는 근거 구절은 없다. 그런데 자살하면 지옥 간다는 말이 있는 것이 사실이다. 어떻게 된 영문일까?

일단 살인하지 말라는 십계명을 어긴 죄를 떠올릴 수 있다. 자신을 죽였으니 살인이라는 것이다. 그러면 다른 사람은 십계명을 다 지켰다고 자신할 수 있을까? 다섯 번째 계명이 "네 부모를 공경하라"인데, 부모를 어느 만큼 공경하면 공경했다고 할 수 있을까? 열 번째 계명도 문제가 된다. "네 이웃의 소유를 탐내지 말라"라는 계명을 어떻게 지킬까? 견물생심(見物生心)이라는 말이 괜히 있는 것이 아니다. "먹지 마"라는 말은 있어도 "먹고 싶어 하지 마"라는 말은 없다.

자살하면 지옥 간다는 말은 초대교회 때부터 있었는데 나중에 아우구스티누스(Saint Augustine of Hippo, 354-430)가 〈신국론〉에서 자살을 중대한 범죄로 규정했다. 회개의 기회를 스스로 외면한 죄이기 때문이다. 회개할 수 없는 죄이기 때문에 용서 받지 못하고, 용서 받지 못하는 죄를 범했기 때문에 지옥에 간다는 논리가 만들어진 것이다. 그런 식의 논리가 중세 교회까지 이어져서 자살을 할 경우에는 기독교식 장례를 금지했고, 교회 묘지에도 묻히지 못하게 했다. 그런 시기를 지나면서 자살하면 지옥 간다는 인식이 공유되었다.

루터나 칼뱅의 생각은 달랐다. 자살을 죄로 인정했지만 구원은 하나님의 주권에 달린 문제라고 했다. 하지만 우리나라에 개신교가 전파될 적에는 도덕적 경고와 억제의 목적으로 "자살하면 지옥 간다"라는 단정적 표현이 전파된 것으로 보인다. 사실 자살하면 지옥에 가는 것으로 알고 있는 것이 교육 효과가 있기는 하다. 언젠가 조울증을 앓는 자매한테서 "자살하면 정말로 지옥 가나요?"라는 질문을 받은 적이 있는데, 질문을 받는 순간 노플이 숭언했던 기억이 있다. 대답하기가 정말 난처했다. 차라리 그렇게 알고 있었으면 싶기도 했다. 하지만 지옥은 자살한 사람이 가는 곳이 아니라 예수를 믿지 않는 사람이 가는 곳이다.

먼저 알아야 할 사실이 있다. 구원은 하나님께 속한 영역이다. 우

 동성애를 말하다

리가 왈가왈부(曰可曰否)해 봐야 아무 의미가 없다. 우리가 구원 얻었다고 결정한다고 해서 하나님이 그 사람을 구원해 주서야 하는 것도 아니고, 우리가 구원 얻지 못한다고 결정한다고 해서 하나님이 그 사람을 지옥에 보내서야 하는 것도 아니다. 우리는 단지 미루어 짐작할 수 있을 뿐이다.

다시 동성애 얘기로 돌아가자. 어떤 동성애자가 있다. 자기의 동성애 성향을 스스로 혐오한다. 모질게 마음먹고 그 성향을 버리기로 작정했다. 그다음에 어떻게 되었을까? 그렇게 해서 이성애자로 살게 되었을까? 그게 그렇게 쉬우면 누가 동성애 성향으로 고민하겠는가? 자기에게 있는 동성애 성향을 합리화하는 사람도 없을 것이다. 누구나 동성애 성향을 떨쳐 버리고 이성애자로 살 것이다. 그런데 그게 안 된다. 갈등하다가, 갈등하다가, 갈등하다가, 갈등하다가 그만 또 동성애 행위를 하고 말았다. 그럼 어떻게 해야 할까?

예수님이 간음 중에 잡힌 여인에게 "가서 다시는 죄를 범하지 말라"라고 하셨다. 그렇게 해서 그 여인이 다시 죄와 상관없이 살았으면 얼마나 좋을까? 그런데 육신이 약하다 보니 그만 또 간음을 범했다고 하자. 예수님이 뭐라고 하실까? "넌 구제 불능이다. 너를 위해 예비된 영원한 불 못에 들어가라."라고 하실까? 그렇게 생각되지는 않는다. 예수님은 형제가 죄를 범하면 일곱 번씩 일흔 번이라도 용서하라고 하신 분이다.

그럼 그 여자는 어떻게 해야 할까? 용서를 따 놓은 당상으로 여겨서 마음 놓고 간음을 범하며 지내는 것은 말이 안 된다. 그때마다 찢어지는 가슴을 부여안고 다시 회개해야 한다. 이번에는 반드시 죄와 결별하기로 다짐하고 다짐하고 또 다짐해서, 기필코 그 다짐을 이뤄내야 한다.

십 년쯤 지난 일이다. 주일에 다른 일이 있으면 어떻게 해야 하느냐는 질문을 받은 적이 있다. 주일예배를 드리지 못할 사유는 얼마든지 있다. 회사에서 당직 근무를 설 수도 있고, 부모상을 치를 수도 있고, 여자가 출산을 할 수도 있다. 그런데 그때의 질문은 이상했다. 아내가 불신자라면서 주일에 놀러 가는 경우를 말한 것이었다. 자기한테는 주일이 예배를 드리는 날이지만 아내는 그렇지 않다는 것이 그 이유였다. 그 질문을 나한테만 한 게 아니라 이미 주변 여러 사람한테 한 상태였다. 사람들에게 물으니, 결혼한 자식이 주말마다 부모를 찾아뵙다가 한 주쯤 빠진다고 해서 부모가 자식을 버리겠느냐며, 괜찮다고 했다는 것이었다. 내가 물었다.

"그런데 왜 또 저한테 물으세요?"

"그래도 왠지 마음이 불편하거든요."

"그럼 계속 불편하세요. 마음 편하게 주일을 범할 수는 없죠."

"아! 그러니까 마음이 불편하기만 하면 괜찮은 거네요?"

발상이 참 기발했다. 육신의 약함으로 마음이 불편한 것과 불편하기로 작정해서 그 상황을 즐기는 것이 같은 가치를 가질까? 그런 식으로 불편한 것도 불편한 것 축에 끼워 줘야 하는지 모르겠다.

　　　　　　　　　　　　　　　　　동성애를 말하다

같은 죄를 또 범한 것 때문에 찢어지는 가슴으로 회개한다는 애기는 그런 얘기가 아니다. 정말로 죄가 죽도록 미워야 하고, 그 죄를 끊지 못하는 자신이 증오스러워야 한다. 죄에 대한 시선이 하나님과 같아야 한다. 하나님께서 그런 사람을 과연 외면하실까?

✦ 토론을 위한 질문

1) 구원은 하나님께 속한 영역입니다. 우리는 단지 구원의 가능성을 열어 두고 접근할 뿐입니다. 구원의 가능성을 지레 닫아 버리면 그다음에는 할 일이 없기 때문입니다. 동성애자나 무속 신앙에 빠진 자, 이단에 속한 자, 혹은 자기가 미워하는 자한테 그런 잘못을 범한 적이 있다면 얘기해 보세요.

2) 주변에 동성애 성향으로 고민하는 사람이 있다면 어떻게 대하는 것이 좋을지 서로 얘기해 보세요.

3) 하나님은 우리의 죄를 사하시는 분이지, 불신앙을 이해하시는 분이 아닙니다. 육신의 약함으로 같은 죄를 반복하는 것과 용서를 전제로 죄를 즐기는 것은 엄연히 다릅니다. 자기한테 어떤 모습이 있는지, 혹은 있었는지 점검해 봅시다.

너와 나의 성경 해석

지금까지 살펴본 내용을 감안하면, 기독교 신앙을 고백하는 사람은 누구나 동성애에 대해서 부정적이어야 할 것 같다. 그런데 나타나는 현실은 그렇지 않다. 동성애는 물론 동성 간의 결혼도 하나님의 은총 안에서 이루어지는 일이라고 주장하는 사람도 있다. 하나님이 우리에게 다양한 복을 주셨고, 동성 간의 사랑 역시 그중의 하나라는 것이다.

허호익 교수가 그의 책 〈동성애는 죄인가〉에서 동성애와 동성 결혼에 대한 기독교의 입장이 크게 네 가지로 분류된다며 다음과 같이 정리했다.

1) 급진 진보적 입장

동성애 행위 일반은 죄악이 아니며, 동성 강간, 강제 추행, 난교, 매춘 등만이 죄악이다. 동성애 자체는 이성애와 마찬가지로 하나님의 형상을 따라 지음받은 인류의 자연스러운 특성이기 때문에 정죄될 수 없다. 동성 결혼 역시 하나님의 이름으로 복 받을 일이다. 물론 동성애 커밍아웃을 한 인물이 목사 안수를 받는 것도 허용될 수 있다.

2) 온건 진보적 입장

원론적으로 동성애 행위는 죄악이지만, 동성애 문제에 신경 쓰기보다 전쟁이나 경제 양극화 같은 더 큰 죄악에 신경을 써야 한다. 동성애자들을 정죄하면서 자기가 마치 의인인 것처럼 구는 것은 터무니없는 교만이다. 동성 결혼에 대한 교회법적 용인 및 정결 서약을 하지 않은 동성애자의 목사 안수 인정 여부는 더 많은 신학적 논의가 필요하다. 별개로 세속 정부의 동성 결혼 합법화에 대해서는 크게 상관하지 않는다.

3) 온건 보수적 입장

우리 모두 죄인이므로 교회 공동체는 동성애자들을 단죄하기보다는 품어 주는 것이 바람직하다. 동성애 성향 자체는 죄라고 할 수 없지만, 동성애 행위는 성경에서 분명히 금하고 있는 죄악이므로 그리스도인이라면 동성애 행위를 멀리해야 할 의무가 있다. 세속 정부의 동성 결혼 입법화는 교회와 사회에 부정적인 일이지만, 말세의 징조로 이해하되 직접 거부 운동의 압력을 가해서는 안 된다.

          동성애를 말하다

4) 강경 보수적 입장

동성애는 다른 종류의 죄악보다도 특별하게 큰 죄악이며, 동성 결혼이 허용된 국가는 하나님의 징계를 받아 멸망당할 것이다. 동성애 성향도 죄악이므로 탈동성애를 하지 않는 이상 교회에 들어가서는 안 된다. 동성애에 대한 형사처벌은 하나님의 공의에 부합한다. 세속 정부에 의한 동성 결혼 합법화는 있어서는 안 될 일이며, 가능하다면 시민 단체나 정당 등의 형태로 세속 정부에 압력을 가하여 저지해야 한다.

이런 차이가 왜 있을까? 아니, 이런 차이가 어떻게 가능할까? 우리의 신앙 행위는 성경이 기준이다. 기독교 신앙을 고백한다면서 동성애를 옹호하려면 성경이 동성애를 정죄하지 않는다고 말할 수 있어야 한다. "성경이 동성애를 정죄하지만 성경은 성경일 뿐이다. 현실은 그렇지 않다."라는 식으로 성경을 무시하는 사람은 기독교 신자일 수가 없다.

율법에 따르면, 사람이 아내를 맞이하여 데려온 후에 그에게 수치 되는 일이 있음을 발견하고 그를 기뻐하지 않게 되면 이혼 증서를 줘서 내보라고 했다(신 24:1). 수치 되는 일이 어떤 일일까? 율법을 보수적으로 해석하는 샴마이학파는 음행이라고 한 반면, 율법을 진보적으로 해석하는 힐렐학파는 아내가 마음에 들지 않거나 남편이 불편을 느끼는 것도 포함된다고 했다. 가령 아내의 평소 행실이 마음에 안 드는 것이 샴마이학파에게는 이혼 사유가 안 되지만 힐렐학파에게는 이혼 사유가 되었다.

이처럼 성경 구절에 대해서 해석이 다른 경우가 얼마든지 있을 수 있다. 성경에서 동성애를 지적하는 구절은 꼽으면 창 19:1-11, 레 18:22, 레 20:13, 삿 19:20-24, 롬 1:24-27, 고전 6:9-10, 딤전 1:9-11 등이 될 텐데, 기독교 신자가 동성애를 옹호하려면 이 모든 구절이 동성애를 정죄하는 내용이 아니라고 할 수 있어야 한다.

우선 창세기 19장 1-11절은 우리가 다 아는 소돔성 이야기다. 두 천사가 소돔성을 방문했을 때 마침 롯이 성문에 있다가 그들을 집으로 영접했다. 나그네를 영접하는 것은 모두가 권장하는 미덕이었다. 당시로서는 그럴 수밖에 없었다. 그런 미덕이 없으면 여행객의 숙식이 상당히 난처하게 된다. 특히 광야에서는 한 집에서 여행객을 영접하지 않으면 다음 집까지는 사흘이 걸리기도 했다. 성경은 왕이 없어서 모든 것이 엉망인 사사 시대의 풍조를 지적하면서 이런 미덕이 제대로 시행되지 않는 실상을 꼽기도 했다[7].

그런데 그만 문제가 생긴다. 소돔 사람들이 롯의 집으로 와서 그들을 이끌어내라며 동성 간의 강간을 요구한 것이다. 난처해진 롯이 자기의 두 딸을 내줄 테니 두 딸에게 마음대로 행하고 자기 집을 찾

---

7 삿 19:18b) 나는 그곳 사람으로서 유다 베들레헴에 갔다가 이제 여호와의 집으로 가는 중인데 나를 자기 집으로 영접하는 사람이 없나이다.

 동성애를 말하다

은 손님들에게는 해를 끼치지 말라고 타협안을 제시했지만 막무가
내였다. 롯을 밀치며 문을 부수려고 했다. 그러자 천사들이 그들의
눈을 어둡게 했다.

　이런 소돔 사람들의 죄를 동성애 빼고 설명할 수 있을까? 아니, 동
성 간의 강간이니까 엄밀히 따지면 동성애가 아니지만 하여간 그렇
다. 그런데 다른 해석도 가능하다. 어느 만큼 설득력이 있는지 판단
하는 것은 독자의 몫이다.

> 주 여호와의 말씀이니라 내가 나의 삶을 두고 맹세하노니 네
> 아우 소돔 곧 그와 그의 딸들은 너와 네 딸들의 행위같이 행하
> 지 아니하였느니라 네 아우 소돔의 죄악은 이러하니 그와 그의
> 딸들에게 교만함과 음식물의 풍족함과 태평함이 있음이며 또
> 그가 가난하고 궁핍한 자를 도와주지 아니하며 거만하여 가증
> 한 일을 내 앞에서 행하였음이라 <u>그러므로 내가 보고 곧 그들
> 을 없이 하였느니라</u>(겔 16:48-50)

　하나님이 에스겔 선지자를 통해서 이스라엘의 죄악을 지적하는
중에 소돔을 얘기한다. 그런데 동성애 얘기가 없다. 음식물이 풍족
하고 태평하게 지내면서도 가난하고 궁핍한 자를 도와주지 않았다
는 것이다.

　아브라함이 롯에게 "네가 좌하면 나는 우하고 네가 우하면 나는

좌하리라"라고 했을 때 롯이 요단 지역을 택했다. 창세기 13장 10절에는 "이에 롯이 눈을 들어 요단 지역을 바라본즉 소알까지 온 땅에 물이 넉넉하니 여호와께서 소돔과 고모라를 멸하시기 전이었으므로 여호와의 동산 같고 애굽 땅과 같았더라"라고 기록되어 있다. 소돔은 무척 비옥한 곳이었다. 당연히 모든 물자가 풍족했을 것이다. 그런데 가난한 사람을 도와줄 줄 몰랐다.

그런 내용이 "…그러므로 내가 보고 곧 그들을 없이 하였느니라"로 이어진다. 흔히 말하는 것처럼 동성을 성폭행하려는 죄 때문에 멸망한 것이 아니라 가난한 사람을 외면한 죄 때문에 멸망했다는 것이다. 게다가 대부분의 사람이 창세기에 나오는 소돔성 이야기는 알아도 에스겔에 나오는 이야기는 모른다. 그런 때문에 더 오해했다고 하면 그 또한 일리가 있다.

외경 지혜서에서도 소돔의 죄를 지적하는 내용이 나오는데, 역시 동성애 얘기가 없다.

그러나 죄 많은 이집트인들에게는 벌을 예고하여 무시무시한 번개가 치고 온갖 징벌이 내렸다. 그들은 이국 사람들을 그도록 미워함으로써 그들이 지은 죄에 합당한 고통을 받았다. 소돔 사람들은 낯선 사람들이 왔을 때에 아예 받아들이지도 않았지만 그들은 손님들과 의인들을 손님으로 받아들였다. 그뿐만 아니라, 소돔 사람들은 애초부터 이국 사람들에게 적의를 나타

동성애를 말하다

<u>냈다.</u> 그들은 응분의 벌을 받겠지만 이집트인들은 주님의 백성을 받아들일 때에는 잔치를 베풀고 자기들과 동등한 권리를 베풀어준 다음에 강제 노동으로 고생을 시켰던 것이다. 그래서 이집트 사람들은 의인의 집 문턱에서 소경이 되었던 소돔 사람들처럼, 벌을 받아 소경이 되었다. 사방이 캄캄하게 되어 모든 사람이 제 집 문을 더듬어서 찾아야 했다(지혜서 19장 13-17절).

이스라엘이 애굽에서 나올 적에 애굽에 심판이 임했다. 그 내용을 소돔에 견주는데, 소돔은 낯선 사람이 왔을 때 아예 받아들이지 않았다고 한다. 소돔 사람들은 애초부터 이국 사람들에게 적의를 나타냈다는 것이다.

그러면 창세기 19장의 기록은 어떻게 되는 것일까? 사실 소돔 사람들을 동성애자라고 하는 것에는 무리가 있다. 그들이 롯한테 집에 든 사람들을 내놓으라고 할 때는 동성 간의 강간을 요구한 것이었다. 그런 그들에게 롯이 타협책으로 두 딸을 제시한다. 그들이 동성애자가 아니었다는 뜻이다.

군대나 교도소처럼 남자만 있는 곳에서는 남자를 대상으로 하는 성범죄 사고가 일어나기도 한다. 동성애자여서 그런 것이 아니라 여자가 없기 때문이다. 그러면 소돔성에서는 어떻게 된 영문일까? 강간할 대상이 없어서 궁여지책으로 남자를 대상으로 삼은 것이 아니다. 일종의 횡포였다. 과도한 텃세였을 수도 있다.

여기에서 한 걸음 더 나아갈 수 있다. 소돔 사람들이 롯의 집을 에워싼 다음에 "오늘 밤에 네게 온 사람들이 어디 있느냐 이끌어 내라 우리가 그들을 상관하리라"라고 했는데, '상관하리라'를 꼭 성행위로 번역해야 하느냐고 하면 뭐라고 해야 할까?

그때 쓰인 단어 '야다'(יָדַע)는 원래 '알다'라는 뜻인데 성행위로도 번역된다. 히브리 사람들에게 지식은 정보의 문제가 아니라 체험의 문제였다. 창세기 4장 1절에서 "아담이 그의 아내 하와와 동침하매 하와가 임신하여 가인을 낳고…"라고 할 때 '동침하다'에도 '야다'가 쓰였다.

그런데 단지 혼을 내주겠다는 뜻이었을 수도 있지 않을까? 이를테면 사채업자가 채무자를 협박하면서 "나하고는 상관없이 지내는 게 좋아"라고 한다면 성관계를 하겠다는 뜻이 아니라 신체적인 위해를 가하겠다는 뜻이 된다. 소돔 사람들이 한 말도 그런 뜻일 여지가 있지 않을까?

그러면 소돔이 망한 이유를 뭐라고 해야 할까? 창세기 19장의 기록을 놓고 동성애 때문에 망했다고 하는 것은 곤란하다. 그들이 요구한 것은 동성애가 아닌 동성 간의 성폭행이었다. 그리고 소돔의 죄는 그것 하나가 아니었다. 특히 에스겔에는 가난한 사람을 외면한 죄 때문에 심판한다는 언급도 있다.

여호와께서 또 이르시되 소돔과 고모라에 대한 부르짖음이 크

동성애를 말하다

고 그 죄악이 심히 무거우니 내가 이제 내려가서 그 모든 행한 것이 과연 내게 들린 부르짖음과 같은지 그렇지 않은지 내가 보고 알려 하노라(창 18:20-21)

하나님께서 아브라함한테 하신 말씀이다. 소돔과 고모라의 죄악이 어느 정도인지 직접 확인하겠다고 하셨다. 이 말을 들은 아브라함이 하나님께 간청해서 의인 열 명만 있으면 심판하지 않기로 했고, 이어서 롯이 천사를 자기 집으로 영접하는 내용이 나온다.

소돔, 고모라에 어떤 부르짖음이 있었을까? 죄악의 종류만큼 부르짖음도 많았을 것이다. 하지만 성경의 관심은 우리에게 소돔성에서 행해진 죄악의 종류를 알게 하는 것이 아니다. 소돔이 심판받았다는 사실을 알게 하는 것이다. 그러면 가장 극악한 범죄만 얘기하면 된다. 그것이 동성 간의 강간 시도였다. 고혈압, 고지혈증, 감기, 무좀, 췌장암을 동시에 앓는 사람을 얘기할 적에는 췌장암만 얘기하면 되는 것과 같다. 가난한 이웃을 돕지 않는 것도 나쁜 일이고 나그네를 괴롭히는 것도 악한 일이다. 나그네를 대접하는 것이 미덕이던 당시 사회에서는 더욱 그렇다. 하지만 그것을 가장 큰 죄로 꼽는 것은 석연치 않다. 소돔성의 범죄는 그 정도가 아니었다.

그러면 에스겔의 기록은 어떻게 된 영문일까? 그것은 문맥을 봐야 한다. 에스겔 16장은 전부 예루살렘(이스라엘)의 죄를 지적하는 내용이다. 16장만이 아니다. 15장, 14장, 13장, 12장, 11장, 10장, 9장, 8

장, 7장, 6장이 다 그렇다. 요즘은 대부분 스터디 바이블이다. 내가 보는 성경에는 에스겔 16장에 '가증한 예루살렘', '방자한 음녀 예루살렘', '예루살렘을 벌하시다' 같은 소제목이 붙어 있다.

에스겔 16장 48-50절을 보면 마치 소돔이 가난한 자를 돌보지 않은 죄 때문에 망한 것 같지만, 문맥을 살피면 그렇지 않은 것을 알 수 있다. 이스라엘의 모든 죄를 시시콜콜하게 지적하는 중에 "소돔도 그 정도는 아니었다"라는 말이 나왔다. 성경의 관심이 소돔의 멸망 원인을 밝히는 것에 있는 것이 아니라 이스라엘을 정죄하는 것에 있다. 인색함으로 말하면 이스라엘이 소돔보다 한 수 위였는데, 소돔조차 망했으니 이스라엘은 어떻게 되겠느냐는 것이다. "소돔이 동성애 때문에 망했다는 말은 없지 않느냐?"라고 할 것 없다. 에스겔 16장 48-50절은 소돔의 멸망 원인을 밝히려고 기록된 내용이 아니라 이스라엘의 수두룩한 죄 중에서도 가난한 자를 외면한 죄를 지적하려고 기록된 내용이기 때문이다.

> 너는 여자와 동침함같이 남자와 동침하지 말라 이는 가증한 일
> 이니라(레 18:22)

> 누구든지 여인과 동침하듯 남자와 동침하면 둘 다 가증한 일을
> 행함인즉 반드시 죽일지니 자기의 피가 자기에게로 돌아가리
> 라(레 20:13)

동성애를 말하다

이 구절이 동성애를 금하는 근거가 될 수 없다고 하려면 어떻게 하면 될까? 두 가지 방법이 있다. 하나는 레위기에서 말하는 동성애와 지금의 동성애가 다르다고 주장하는 방법이고, 다른 하나는 레위기의 모든 계명을 다 지키지도 않으면서 왜 동성애만 문제 삼느냐고 주장하는 방법이다.

구약성경에서는 주로 우상 숭배와 연관해서 성적인 죄를 지적한다. 그러니 레위기에서 말하는 동성애도 이교에서 행하는 우상 숭배의 한 형태라는 것이다. 레위기 18장 22절이나 레위기 20장 13절에서도 남자의 경우만 언급하고 있지, 여자의 경우는 언급하지 않는 것이 그 증거라고 한다. 결국 우상 숭배의 형태로 나타나는 동성애를 정죄한 것이니, 지금처럼 사랑을 담보로 하는 동성애는 해당 사항이 없다고 하면 뭐라고 해야 할까?

우리가 레위기 저자를 찾아서 무슨 의도로 이런 기록을 남겼는지 인터뷰를 할 수는 없다. 가장 좋은 방법은 문맥을 확인하는 방법이다. 내가 보는 성경에는 레위기 18장에 "가증한 풍속을 따르지 말라"라는 소제목이 붙어 있다. 그리고 성적인 죄를 경계하는 내용이 죽 이어지는데 "어머니의 하체를 범하지 말라", "자매의 하체를 범하지 말라", "고모의 하체를 범하지 말라", "이모의 하체를 범하지 말라", "이웃의 아내를 범하지 말라" 같은 민망한 말이 나온다. 당시 가나안에 근친상간이 성행했던 모양이다. 그리고 22절에서 "너는 여자와 동침함 같이 남자와 동침하지 말라 이는 가증한 일이니라"라고 했는데, 이것을 뜬금없이 우상 숭배와 연결해서 해석해야 할까?

레위기 20장에는 "반드시 죽여야 하는 죄"라는 소제목이 붙어 있다. 이스라엘 신앙 공동체를 해치는 사회악을 척결하자는 내용이다. 그리고 "아버지나 어머니를 저주하는 자는 반드시 죽여라", "남의 아내와 간음하는 자는 반드시 죽여라", "아버지의 아내와 동침하는 자는 반드시 죽여라", "며느리와 동침하는 자는 반드시 죽여라"라는 말을 하면서 "누구든지 여인과 동침하듯 남자와 동침하면 둘 다 가증한 일을 행함인즉 반드시 죽일지니 자기의 피가 자기에게로 돌아가리라"라고 했다. 이어지는 내용도 "누구든지 아내와 자기의 장모를 함께 데리고 살면 악행인즉 그와 그들을 함께 불사를지니 이는 너희 중에 악행이 없게 하려 함이니라"이다. 우상 숭배를 경계하면서 나온 말이라고 하기에는 아무래도 어설프다. 동성애를 정죄한 것은 우상 숭배 때문이 아니라 건강한 성생활 때문이었다고 해야 한다.

그러면 왜 여자는 얘기하지 않고 남자만 얘기했을까? 남자의 동성애만 문제가 되고 여자는 관계없을까? 그야 뻔하다. 남자를 얘기하는 것으로 남녀 모두를 가리킨 것이다. 바울이 로마교회에 편지를 쓰면서 "누구든지 수의 이름을 부르는 사는 구원을 빋으리리"(롬 10:13)라고 했는데, '누구든지'에 남성형이 쓰였다. 설마 "남자는 주의 이름을 부르면 구원을 얻을 수 있지만 여자는 주의 이름을 불러도 소용없다"라고 생각하는 사람이 있을까?

우리가 레위기의 모든 구절을 문자 그대로 지키는 것도 아닌데 왜 유독 동성애에 대해서는 예민하게 반응하느냐고 하면 뭐라고 해야 할까? 아닌 게 아니라 레위기에 따르면 돼지고기를 먹으면 안 된다. 선지 해장국이나 고등어구이도 못 먹는다. 하지만 우리 중에 그런 것에 구애받는 사람은 없다. 하나님 말씀을 지키려면 제대로 지켜야지, 선택적으로 지키는 것은 옳은 처신이 아니지 않을까?

대부분의 사람은 정서적으로 동성애를 혐오한다. 마침 레위기에 동성애를 금하는 말씀이 있다. 그러니 성경에 그런 말씀이 기록된 이유를 따지지도 않고 동성애를 정죄하는 것은 옳지 못하다고 할 수도 있다. 동성애가 논리의 문제가 아니라 정서의 문제라는 것이다. 사실 사람은 옳고 그른 것을 분별해서 옳은 쪽을 택하는 것이 아니라 자기가 선호하는 것을 옳다고 우기는 경향이 있기도 하다.

레위기의 주제가 거룩이다. 애굽에서 나왔으니 거룩하게 사는 것이 당면 과제가 된 것이다. 레위기의 모든 말씀이 거룩에 초점이 있다. 그러면 어떻게 하는 것이 거룩한 것일까? 국어사전에서 '거룩하다'를 찾으면 "뜻이 매우 높고 위대하다"라고 설명되어 있다. 세상에서는 뜻이 매우 높고 위대한 것을 거룩하다고 한다. 성경에서는 다르다. 우리말 '거룩하다'로 번역되는 단어가 히브리어 '카도쉬'(קדוש) 인데, '구별되다'라는 뜻이다. 성경은 구별된 것을 거룩하다고 한다. 이스라엘로 얘기하면, 가나안 원주민과 구별되게 사는 것이 거룩한 것이다. 가나안 원주민처럼 살면 안 된다. 우리에게 적용하면, 세상 사람들과 다르게 살라는 뜻이 된다.

이스라엘이 가나안 원주민과 다르게 사는 것과 우리가 세상 사람들과 다르게 사는 것이 같은 양상으로 나타날 수는 없다. 결국 레위기 말씀도 달리 적용해야 한다. 옛날 이스라엘은 레위기의 모든 조항을 기록된 그대로 지켜야 했지만 우리는 해석을 해서 적용할 수밖에 없다. 그러면 그 기준이 무엇일까?

예수님은 율법의 마침이 되신 분이다. 예수님께서 율법을 다 이루셨으니 우리는 구약에 구애를 받을 필요가 없다. 하지만 구약의 내용이 신약에도 나타난다면, 그것은 지켜야 한다. 예컨대 간음은 구약에서만 금하는 것이 아니라 신약에서도 금한다. 당연히 지켜야 한다. 음식물 규례는 다르다. 구약에 나올 뿐, 신약에는 나오지 않는다. 우리가 돼지고기나 고등어를 아무렇지 않게 먹을 수 있는 이유이기도 하다.

조금 더 설명하면, 레위기의 계명은 의식법, 시민법, 도덕법으로 나눌 수 있다. 제사 제도와 정결 규례를 말하는 의식법은 예수님께서 십자가에서 완성하셨기 때문에 더 이상 구속력이 없다. 시민법은 토지 규정이나 노예에 대한 법이다. 고대 이스라엘이라는 국가에 주어진 법이다. 우리에게 곧이곧대로 적용되시는 않시만 징의와 공평이라는 원리는 새겨야 한다. 또 살인이나 간음을 금하는 도덕법은 지금도 유효하다.

이런 이유로 "성경 말씀을 선택적으로 지키는 것은 옳지 않다. 성경이 동성애를 금한다고 하면서 돼지고기를 먹는 모순은 어떻게 설

동성애를 말하다

명할 것이냐?"라는 말은 설득력이 없다.

영국 출신의 성공회 목회자이자 기독교 저술가인 샘 올베리(Sam Allberry)가 쓴 〈하나님은 동성애를 반대하실까?〉라는 책이 있다. 그 책에서 팀 켈러 목사의 말을 인용해서 이 부분을 설명했다. "그리스도의 오심으로 우리의 예배 방식은 바뀌었지만 생활 방식은 바뀌지 않았다. 도덕법은 하나님의 성품을 잘 드러내고 있다. 이웃을 사랑하고 가난한 자를 돌보고 우리 소유를 나누는 일에 관한 구약의 가르침은 지금도 유효하다. 신약성경은 여전히 살인이나 간음을 금하고 있다. 구약의 모든 성 윤리를 다시금 언급한다(마 5:27-30, 고전 6:9-20, 딤전 1:8-11). 신약성경에서 어떤 계명을 재차 강조했다면, 그것은 우리에게도 여전히 유효한 것이다. 우리는 구약의 모든 텍스트를 똑같은 방식으로 존중하지는 않는다. 다만 예수님을 본받을 뿐이다. 구약의 모든 율법을 따르지 않는 것은 예수님께서 죽음으로 그것을 성취하셨기 때문이다. 우리가 구약의 율법에 얽매이면 십자가의 능력을 부인하는 처사가 된다. 그러나 성 윤리에 대한 구약의 가르침은 신약에서 반복해서 언급하고 있고, 그것은 오늘날의 크리스천들에게도 여전히 구속력이 있음을 의미한다."

사사기 19장에 나오는 레위인 이야기는 어떻게 될까? 어떤 레위인이 하인과 첩을 데리고 길을 가다가 기브아의 한 노인 집에 유숙하게 되었다. 그런데 그 성읍의 불량배들이 집을 에워싸고 문을 두드리며 말했다. 사사기 19장 22b절에는 그 내용이 "네 집에 들어온 사람을 끌어내라 우리가 그와 관계하리라"라고 기록되어 있다. 그 집에 유숙한 사람은 레위인과 하인과 첩, 세 사람이다. 그런데 불량배들은 "네 집에 들어온 사람들을 끌어내라"라고 하지 않고 "네 집에 들어온 사람을 끌어내라"라고 했다. 레위인을 염두에 둔 것이다. 왜 하인이나 첩이 아닌 레위인일까?

집주인이 "내 형제들아 청하노니 이 같은 악행을 저지르지 말라 이 사람이 내 집에 들어왔으니 이런 망령된 일을 행하지 말라"(삿 19:23b)라고 하면서 타협안을 제시한다. 자기의 처녀 딸과 레위인의 첩을 끌어낼 테니 그들에게 마음대로 행하고 레위인에게는 망령된 일을 행하지 말라는 것이다. 그들이 듣지 않았지만 레위인이 자기 첩을 밖으로 끌어내었고, 밤새 윤간당한 첩은 새벽 미명에 놓여났지만 결국 숨을 거두고 말았다.

차마 입으로 옮기기에도 망측한 일인데, 성경이 이런 기록을 통해서 무엇을 꾸짖고 있을까? 불량배들이 요구한 것은 소돔성에서와 마찬가지로 동성 간의 강간이었다. 그러니 엄밀한 의미로는 동성애를 지적하는 내용이 아니다. 이때 집주인이 "이 사람이 내 집에 들어왔으니 이런 망령된 일을 행하지 말라"라고 했다. 망령된 일이 어떤 일일까? 자기 집에 온 손님을 강간하는 일이 아니라 자기 집에 온 손님에게 행패를 부리는 일이라고 해야 한다. 당시는 나그네를 대접하는 일이 상당한 미덕이었으니 나그네에게 행패를 부리는 일은 망령된 일이라고 할 만하다. 그 행패의 내용이 강간으로 나타난 것이다. 그러면 하인이나 첩이 아닌 레위인을 타깃으로 삼은 이유도 짐작할 수 있다. 셋 중에 레위인이 가장 어른이기 때문이다.

이때 이들은 애초의 계획을 바꿔서 레위인의 첩을 윤간한다. 동성애자가 아니었다. 그런데도 남자인 레위인을 강간하려고 했다. 애초에 그들의 관심이 성욕 해소보다 행패에 있었다는 뜻이다.

그 레위인은 유다 베들레헴에서 에브라임으로 가는 중이었다. 해가 질 무렵에 기브아에 이르렀다. 마침 한 노인이 그를 보고는 어디로 가며 어디서 왔는지 묻자, 그가 대답한다. "우리는 유다 베들레헴에서 에브라임 산지 구석으로 가나이다 나는 그곳 사람으로서 유다 베들레헴에 갔다가 이제 여호와의 집으로 가는 중인데 나를 자기 집으로 영접하는 사람이 없나이다"(삿 19:18)

자기를 영접하는 사람이 없다는 말을 하는 것으로 보아 그것이 기대에 어긋나는 일이었음을 짐작할 수 있다. 우리나라도 길을 가다가 날이 저물면 남의 집 대문을 두드리며 "이리 오너라. 지나가는 과객인데 하룻밤 묵고 가잔다고 여쭤라."라고 하는 것이 가능하던 시절이 있었다. 팔레스타인은 그 정도가 아니다. 손 대접이 일상적인 일이었다. 낯선 사람이 보이면 누구든지 자기 집에 묵기를 청하곤 했다. 레위인도 그런 것을 기대했다. 그런데 아무도 청하는 사람이 없었던 것이다.

결국 불량배들이 노인의 집에 들이닥친 것은 당시의 미덕에 정면으로 배치되는 악행이었다. 사사기 시대의 이스라엘이 그 정도로 엉망이었다는 뜻이다. 나그네를 보면 집에 들이는 것이 관행인데, 오히려 그 나그네를 능욕하는 일이 있었다.

사사기의 주제는 "그때에 이스라엘에 왕이 없으므로 사람이 각기 자기의 소견에 옳은 대로 행하였더라"이다. 하나님이 이스라엘의 왕인데도 하나님과 관계없이 살아서 모든 것이 엉망이 된 시대가 사사기 시대였다. 그런 시대에 나타난 가장 패역한 모습이 나그네를 학대하는 모습이었다고 할 수 있다. 그리고 그 학대가 동성 간의 강간 시도로 나타났다.

"어쨌든 동성애를 지적하는 내용은 아니지 않느냐?"라고 할 수 있을지 모른다. 그런데 동성애가 문제가 되는 것은 구원의 신비를 더럽히기 때문이다. 우리가 그리스도와 한 몸을 이루는 것이 구원의 완성인데, 그런 구원의 완성이 우리한테 어느 만큼 큰 기쁨과 만족과 쾌락을 주는지에 대한 그림자가 부부 관계이다. 요컨대 동성애는 "왜 꼭 하나님이 마련하신 방식으로 기쁨을 누려야 하느냐? 다른 방식으로도 얼마든지 기쁨을 누릴 수 있다."라는 반항이 된다. 기브아 사람들은 동성 간의 성폭행으로 그 모델을 깨뜨리려고 했다. 그런 점에서 틀렸다. 틀려도 아주 크게 틀렸다.

그러므로 하나님께서 그들을 마음의 정욕대로 더러움에 내버려두사 그들의 몸을 서로 욕되게 하게 하셨으니 이는 그들이

　　　　　　　　　　　　　　동성애를 말하다

하나님의 진리를 거짓 것으로 바꾸어 피조물을 조물주보다 더 경배하고 섬김이라 주는 곧 영원히 찬송할 이시로다 아멘 이 때문에 하나님께서 그들을 부끄러운 욕심에 내버려두셨으니 곧 그들의 여자들도 순리대로 쓸 것을 바꾸어 역리로 쓰며 그와 같이 남자들도 순리대로 여자 쓰기를 버리고 서로 향하여 음욕이 불 일 듯하매 남자가 남자와 더불어 부끄러운 일을 행하여 그들의 그릇됨에 상당한 보응을 그들 자신이 받았느니라

(롬 1:24-27)

하나님께서 불의로 진리를 막는 사람들에게 진노하시는데, 그 진노가 방임으로 나타났다. 정욕대로 살게 내버려둔 것이다. 그렇게 해서 생긴 병폐가 서로의 몸을 욕되게 하는 것이었다. 성적인 타락을 말한다. 어떻게 타락했는가 하면 남자, 여자를 막론하고 순리대로 쓸 것을 버리고 역리로 썼다. 여자가 여자와 성관계를 하고, 남자와 남자가 성관계를 했다. 이것이 동성애를 지적하는 내용이 아니면 무엇이란 말인가?

자연스러운 것은 순리이고, 자연스러운 것에 반하는 것은 역리이다. 자연스러운 것을 누가 정할까? 자연스러운 감정은 다분히 주관적이다. 오른손잡이는 오른손으로 밥을 먹는 것이 자연스럽고 왼손잡이는 왼손으로 밥을 먹는 것이 자연스럽다. 옆에서 지켜보는 사람이 부자연스럽다고 우긴다고 해서 부자연스러운 것이 아니다.

　이런 내용을 성관계에 적용하면 어떻게 될까? 대부분의 경우, 남자와 여자가 성관계를 하는 것이 자연스럽다[8]. 하지만 동성애자라면 얘기가 다르다. 동성애자는 동성과 성관계를 하는 것이 자연스럽고, 이성과 성관계를 하는 것은 부자연스럽다. 궤변으로 들리겠지만 상관없다. 본문에서는 순리를 버리고 역리대로 쓰는 일이 여자가 여자와, 남자가 남자와 성관계를 하는 것으로 나타난다고 했으니 동성애자가 억지로 이성과 성관계를 갖는 경우는 해당 사항이 없다. 그러면 이성애자가 동성과 성행위를 하는 경우를 지적하는 내용이 된다. 남자만 있는 공간에서는 간혹 발생하는 일이다. 물론 여자만 있는 공간에서도 발생할 수 있다. 요컨대 본문이 지적하는 것은 동성애가 아니라 이성애자임에도 불구하고 동성과 성관계를 갖는 문제라는 것이다. 당시 로마 사회에 그런 일이 빈번했다면서, 그것이 순리를 버리고 역리로 행하는 것이라고 한다.

　특히 본문에서 "여자들도 순리대로 쓸 것을 바꾸어 역리로 쓰며 그와 같이 남자들도 순리대로 여자 쓰기를 버리고 서로 향하여 음욕이 불 일 듯하매"라고 했다. 바꾸거나 버리려면 의지가 개입해야 한다. 본성대로 하는 경우에는 의지가 개입할 필요가 없다. 이성애자가 동성과 성관계를 하려니 적극적인 의지가 필요했다고 한다.

　이런 주장이 얼마나 설득력이 있는지 모르겠는데, 한 가지 빠뜨린

8　성관계는 본래 남자와 여자를 위한 것이 아니라 남편과 아내를 위한 것이지만 설명의 편의를 위해서 그냥 넘어가기로 하자.

　　　　　　　　　　　　　　　동성애를 말하다

사실이 있다. 앞에서 하나님의 방임을 얘기했다는 사실이다. 하나님의 진노가 방임으로 나타났다고 했다. 그래서 사람들을 정욕대로 더러움에 내버려두셨다. 사람들이 하고 싶은 대로 하게 내버려뒀더니 나타난 결과가 순리를 바꿔서 역리로 만든 것이고, 순리를 버리고 음욕대로 행한 것이다. 물살을 거스르는 것 같은 적극적인 의지 개입이 있었던 것이 아니라 물살에 몸을 맡기는 의지 개입이 있었다고 해야 한다. "서로 향하여 음욕이 불 일 듯했다"라는 말이 있는 것을 보면 더욱 그렇다. 자발적인 의사가 담보된 것이다. 굳이 적극적인 의지 개입에 초점을 두려면 하나님의 뜻을 거스르려는 적극적인 의지 개입이 있었다고 할 수 있다.

그러면 이성애자인 여자가 순리를 바꿔서 여자와 성관계를 하고, 이성애자인 남자가 순리를 버리고 남자와 더불어 부끄러운 일을 행했다는 주장도 다시 생각해야 한다. 요컨대 그들은 정욕대로 행하는 중이다. 자기가 하고 싶은 대로 하는데 이성애자가 동성과 성관계를 가질 이유가 없다. 결국 본문은 이성애자의 동성 섹스를 지적하는 내용이 아니라 동성애를 지적하는 내용이라고 해야 한다.

이 외에도 고린도전서 6장 9-10절이나 디모데전서 1장 9-11절을 꼽을 수 있는데, 이 구절에 대해서는 해석이 엇갈린다.

불의한 자가 하나님의 나라를 유업으로 받지 못할 줄을 알지 못하느냐 미혹을 받지 말라 음행하는 자나 우상 숭배하는 자나 간음하는 자나 탐색하는 자나 남색하는 자나 도적이나 탐욕을 부리는 자나 술 취하는 자나 모욕하는 자나 속여 빼앗는 자들은 하나님의 나라를 유업으로 받지 못하리라 너희 중에 이와 같은 자들이 있더니 주 예수 그리스도의 이름과 우리 하나님의 성령 안에서 씻음과 거룩함과 의롭다 하심을 받았느니라(고전 6:9-11)

알 것은 이것이니 율법은 옳은 사람을 위하여 세운 것이 아니요 오직 불법한 자와 복종하지 아니하는 자와 경건하지 아니한 자와 죄인과 거룩하지 아니한 자와 망령된 자와 아버지를 죽이는 자와 어머니를 죽이는 자와 살인하는 자며 음행하는 자와 남색하는 자와 인신매매를 하는 자와 거짓말하는 자와 거짓 맹세하는 자와 기타 바른 교훈을 거스르는 자를 위함이니 이 교훈은 내게 맡기신바 복되신 하나님의 영광의 복음을 따름이니라(딤전 1:9-11)

성경에는 동성애라는 말이 나오지 않는다. 동성애를 묘사하는 특정한 성관계에 대한 서술이 있을 뿐이다. 본문도 그렇다. 고린도전서 6장 9절의 '탐색하는 자'나 '남색하는 자'는 헬라어 '말라코이'(μαλακοι)와 '아르세노코이타이'(αρσενοκοιται)를 번역한 말인데, 뜻이 명확하

                              동성애를 말하다

지 않다. 디모데전서 1장 10절에서도 '아르세노코이타이'를 남색하
는 자로 번역했다. '말라코이'는 '부드럽다'로 번역되는 단어인데 남
자를 비하하는 뜻으로 쓰이기도 한다. 그런 의미에서 동성애 관계
의 남자 중에서 여자 역할을 하는 사람으로 의역하기도 한다. '아르
세노코이타이'도 뜻이 모호하다. '아르세노'($\alpha\rho\sigma\epsilon\nu o$)는 남성(수컷)을 뜻
하는 어근이고, '코이테'($\kappa o\iota\tau\eta$)가 침상이라는 뜻이다. 그러면 '남자와
침상을 함께하는 자들'로 번역할 수 있으니 동성애자라고도 하는데,
모두가 동의하는 것은 아니다. 그 대상이 남자인지 여자인지 명시되
지 않았다고 트집을 잡을 수 있기 때문이다. 남자와 침상을 함께하
는 자가 여자일 수도 있지 않으냐고 하면 뭐라고 해야 할까? 〈메시
지성경〉에서는 고린도전서 6장 9절의 "음행하는 자나 우상 숭배하
는 자나 간음하는 자나 탐색하는 자나 남색하는 자"를 "성(性)을 이용
하고 오용하는 자들"로 번역했고 디모데전서 1장 10의 "음행하는 자
와 남색하는 자"를 "성 윤리든 진리든 무엇이든지 함부로 취급하는
자들"로 번역했다.

그러면 어떻게 해야 할까? "봐라! 동성애라는 명시적인 표현이 없
지 않으냐? 동성애가 아닐 가능성도 있는데 왜 동성애라고 함부로
단언하느냐?"라고 할 수도 있고, "명시적으로 동성애를 지적하지는
않았지만 정황상 동성애가 확실한데, 왜 억지를 부리느냐?"라고 할
수도 있으니 일단 넘어가야 할까?

사실 동의는 안 된다. "저 사람은 남자와 같이 잔다"라고 하면, 당

연히 남자를 가리키는 말이어야 한다. 여자가 남자와 같이 잔다면 굳이 남자와 같이 잔다는 말을 할 이유가 없기 때문이다.

어쨌든 분명한 사실이 있다. 동성애는 구원의 모델을 훼손한다. 하나님께서 "남자가 부모를 떠나 그의 아내와 합하여 둘이 한 몸을 이룰지로다"라고 하셨고, 그 일을 위해서 성자 예수님이 성부 하나님을 떠나 교회와 합하여 한 몸을 이루셨는데 "남자끼리 합하거나 여자끼리 합해도 된다고 합시다"라고 할 수는 없다. 대체 누가 누구와 한 몸이란 말인가? 머리에는 몸이 있어야 하고 몸에는 머리가 있어야 한다. 하나님은 우리가 머리만 둘이거나 몸만 둘인 괴물이기를 원하지 않으신다.

1) 동성애나 동성 결혼에 대해서 기독교인의 입장은 네 가지로 구분됩니다. 급진 진보적 입장과 온건 진보적 입장, 온건 보수적 입장, 강경 보수적 입장입니다. 자기는 어디에 속하는지, 그리고 그 이유는 무엇인지 얘기해 봅시다.

2) 이스라엘이 가나안 원주민과 다르게 살아야 했던 것처럼 우리는 세상 사람과 다르게 살아야 합니다. 다르게 살아야 하는 목록에 어떤 것들이 있을까요?

3) 부모를 잃으면 고아라고 하고, 남편을 잃으면 과부, 아내를 잃으면 홀아비라고 하는데 자식을 앞세운 경우를 가리키는 단어는 없습니다. 그런 일은 이 세상에 있으면 안 되기 때문입니다. 남자가 남자를 강간하는 일도 그렇습니다. 그런 행위를 뜻하는 단어가 없습니다. 그런데 성경에 그런 사례가 기록되어 있습니다. 이 사실이 우리한테 어떤 교훈을 주나요?

부부의 완성

　서상복 목사가 그의 책 〈부부플랫폼〉에서 부부 임상심리학자이며 〈그 남자의 욕구, 그 여자의 갈망〉의 저자인 윌라드 할리(Willard F. Harley Jr.)가 1,000명의 미국 남편을 대상으로 아내에게 원하는 욕구를 조사한 결과를 소개했다. 1위는 성적 만족을 주는 아내, 2위는 여가 상대를 해 주는 아내, 3위는 깨끗하고 매력 있는 아내, 4위는 내조와 집안 살림을 잘하는 아내, 5위는 칭찬해 주는 아내였다.

　우리나라 남편들은 어떨까? 서상복 목사가 33년 동안 가정 상담을 해 온 사례와 부부 세미나를 인도한 경험을 바탕으로 집계해 보았다고 한다. 1위는 성적인 만족을 주는 아내, 2위는 자신을 알아주고 칭찬해 주는 아내, 3위는 예쁘고 밝으며 온유한 아내, 4위는 자기가 하는 일을 잘 도와주고 지지하며 집안 분위기를 따뜻하고 편안하게 만들어 주는 아내, 5위는 자녀를 사랑하고 잘 양육하는 아내였다. 우리나라 미국이나 남편이 아내한테 바라는 첫 번째 항목이 동일한 것

　　　　　　　　　　　　　　동성애를 말하다

으로 나타났으니 다른 나라도 별반 차이가 없을 것이다.

성경은 우리를 그리스도의 신부라고 한다. 우리가 그리스도와 한 몸을 이루는 것이 구원의 완성이다. 그 일을 위해서 예수님이 인간의 몸을 입고 이 땅에 오셨다. 예수님의 소원이 있다면 우리가 예수님처럼 되는 것이다.

예수님이 말씀하신 비유 중에 포도나무 비유가 있다. 예수님은 포도나무 줄기이고 우리는 가지다. 줄기와 가지 사이에 무슨 차이가 있을까? 포도나무 줄기에서 한 조각을 떼어내고, 가지에서도 한 조각을 떼어내어 DNA 검사를 하면 같은 형질이 나오는 것처럼 우리가 예수님과 그렇게 되어야 한다. 우리가 어린양의 신부가 되어 신랑의 모든 것을 같이 누려야 한다. 우리는 예수님과 한 몸이 되어야 하는 사람들이다.

남편이 아내에게 가장 바라는 것이 성적 만족이라는 사실과 예수님께서 우리에게 가장 바라는 것이 우리와 한 몸을 이루는 것이라는 사실을 연결하는 것은 논리적인 비약일 수 있다. 하지만 꿈보다 해몽이 더 좋다는 말이 왜 있겠는가? 잠시 그렇게 억지를 부려보자. 어쨌든 예수님이 우리와 한 몸이기를 강렬히 열망하는 것은 명백한 사실이다. 오죽하면 그 일을 위해서 십자가에 달리셨다. 그러면 우리는 예수님과 한 몸이기 위해서 무엇을 어떻게 준비하고 있을까?

언제부터인지 주례자 없는 혼인 예식이 유행하고 있다. 신랑이 먼저 입장한 다음 신부 아버지가 신부를 데리고 입장해서 신랑에게 인도하고 하객들이 한목소리로 찬양하고 목사가 기도를 한 다음 성경 말씀에 근거해서 주례사를 전하고 축도로 마치는 절차가 다 없어지고 신랑, 신부가 같이 입장해서 주례자 없이 예식이 진행되곤 한다. 비단 불신자의 혼인 예식에 해당하는 얘기가 아니다. 신자의 혼인 예식도 다르지 않다. 혼인 예식이라고 해서 꼭 목사가 주례를 서야 한다는 법은 없지만 "우리는 앞으로 하나님 보시기에 바른 가정을 꾸리겠습니다"라는 의미가 전혀 보이지 않는다는 사실은 못내 안타깝다. 혼인 예식이 마치 재미있는 이벤트가 된 느낌이다. 혼인 예식 때마다 신랑과 신부를 그날의 주인공인 것처럼 얘기하는데, 명심해야 한다. 우리 인생의 주인공은 언제나 예수님이다. 혼인 예식 때라고 해서 예외가 아니다.

각설하고, 주례자의 유무에 관계없이 혼인 예식에는 성혼 선언 순서가 있게 마련이다. "하나님과 이 자리에 함께하신 증인들 앞에서 신랑 아무개 군과 신부 아무개 양이 거룩한 혼인의 예식을 맺었습니다. 이제 두 사람이 부부가 되었음을 성부와 성자와 성령의 이름으로 선포합니다. 하나님께서 짝지어 주신 것을 사람이 나누지 못할 것입니다."라고 할 수도 있고, "오늘 이 자리에서 신랑 아무개 군과 신부 아무개 양이 서로를 존중하고 사랑하며 기쁠 때나 어려울 때나 함께하기로 약속했습니다. 이에 두 사람이 부부가 되었음을 양가 가족과 하객 여러분 앞에서 선언합니다."라고 할 수도 있다. 이렇게 해서 부부가 되는 것이다. 아직 혼인 신고 절차가 남아 있기는 하지만,

　　　　　　　　　　　　　　동성애를 말하다

어느 누가 봐도 부부인 것이 명확하다. 성혼 선언 전에는 부부가 아니었지만 성혼 선언 후에는 부부가 맞다. 그렇다고 해서 부부로 완성되었다고 할 수 있을까?

우리가 얻은 구원을 흔히 칭의, 성화, 영화로 얘기하는데, 이스라엘의 출애굽 사건에서 이런 모형이 그대로 나타난다. 홍해를 건넌 것은 칭의에 해당한다. 홍해를 건너는 것으로 더 이상 애굽의 종이 아니다. 신분이 바뀐 것이다. 하지만 홍해를 건넜다고 해서 그곳이 곧 가나안은 아니다. 가나안에 가려면 광야를 지나야 한다. 광야를 걸을수록 가나안이 가까워진다. 성화를 나타낸다. 그렇게 해서 가나안에 들어가서 젖과 꿀이 흐르는 삶을 누리는 것이 영화에 해당한다. 그것이 출애굽의 완성이다.

이 내용을 혼인에 빗대 보자. 부부는 그리스도와 교회의 모형이다. 남편은 그리스도가 교회를 어떻게 사랑하는지 보여 주어야 하고, 아내는 교회가 그리스도께 어떻게 순종해야 하는지 보여 주어야한다. 그리스도는 교회의 머리이고 교회는 그리스도의 몸이다. 그리스도와 교회가 한 유기체를 이루는 것처럼 남편과 아내가 그렇다.

성혼 선언을 했다고 해서 이런 사실을 바로 나타낼 수 있을까? 그것은 살아가면서 계속 연습해야 한다. 그러면 성혼 선언은 홍해를 건넌 것에 해당한다. 홍해를 기준으로 신분이 바뀐 것처럼 성혼 선언과 함께 부부가 되었다. 하지만 그리스도와 교회의 모형을 온전히 보여 주는 것은 아니다. 그것은 부부 생활 속에서 날마다 익혀야 한다. 출애굽한 이스라엘이 광야를 걷는 것에 해당한다. 그렇게 해서 궁극적으로 그리스도와 교회의 모형을 이룬다. 그것이 가나안에 들어가서 그곳에 흐르는 젖과 꿀을 누리는 것이다. 우리는 그날을 바라보는 사람들이고, 그것이 부부로 완성되는 것이다.

중국 송나라 시대에 어떤 여인이 지은 시가 있다.

한 덩이 진흙으로

당신의 입상 만들고

내 입상도 만들고

당신의 입상, 나의 입상

으깨어 합쳐

다른 진흙덩이 만들고

이 흙덩이로 다시

당신 입상 만들고

내 입상도 만들고

이제야

당신이 내 안에

내가 당신 안에

이 시를 지은 송나라 여인이 누구인지는 모른다. 하여간 그 여인의 머리에 가득한 것은 남편과 완벽한 일심동체를 이루어 서로 사랑하고 의지하며 함께 사는 것이었다. 우리는 그 정도가 아니다. 거기에 추가되는 것이 있다. 남편과 아내가 한 몸을 이루어 살면서 하나님께서 허락하신 구원의 신비를 알아야 한다. 신자에게만 주어진 특권이다. 이를테면 불신자도 세금을 내고 신자도 세금을 내는 것과 같다. 불신자는 세금을 내는 것으로 납세의 의무를 수행하지만 신자는 그것에 더하여 이 세상 주권이 하나님께 있음을 고백하는 것처럼, 불신자는 가정을 이루어 사는 것으로 개인의 행복을 도모하고 사회적인 책임을 감당하지만 신자는 그 정도에 그치지 않고 우리한테 궁극적으로 이루어질 구원 완성의 모델을 익히는 것이다.

전도사 시절, 청년회 성경 공부 중에 결혼의 요체가 사랑이 아니라 책임이라는 말을 한 적이 있다. 동의하는 청년이 아무도 없었다. 이구동성으로 반발했다. 배우자를 사랑하지도 않는데 책임감 때문에 같이 사는 것이 말이 되느냐는 것이었다. 이다음에 자기 남편이 책임감 때문에 자기와 같이 산다면 차라리 이혼해 달라고 하겠다는 자매도 있었다. 그때 나는 사랑보다 책임이 더 고급한 감정이라고 설명했다. 사랑은 윤리의식이 전혀 없는 뒷골목 깡패도 느끼지만 책임은 아무나 느끼는 감정이 아니라고 했더니, 반발은 누그러졌지만 마지못해 수긍하는 것 같은 눈치였다. 애초에 책임 대신 언약이라는 표현을 썼으면 좋았을 텐데, 내 식견이 모자랐다.

냉소적으로 얘기하면, 사랑이라는 감정은 뇌에서 일어나는 화학 반응일 뿐이다. 사랑에 빠지는 순간, 뇌에서는 도파민, 옥시토신, 아드레날린, 바소프레신 같은 희열감을 나타내는 화학 물질이 방출되는데, 이때 걸리는 시간이 0.2초에 불과하다. 그러면 이런 감정이 얼마나 지속될까?

언약이라면 얘기가 다르다. 출애굽기 19-24장에서 하나님이 출애굽한 이스라엘과 언약을 맺는다. 그러고는 이스라엘이 언약을 지키는지 안 지키는지 지켜보기만 하신 것이 아니다. 계속 언약을 갱신하신다. 이스라엘이 금송아지 우상을 섬기자, 다시 언약을 갱신하셨다. 가나안 입성을 앞두고는 모세가 다시 언약을 선포했다. 가나안에 입성하는 출애굽 2세대를 대상으로 언약을 갱신한 것이다. 나중에 여호수아도 언약을 갱신하고, 왕정 시대에 이르러서는 히스기야, 요시야도 언약을 갱신했다. 예레미야, 에스겔도 새 언약을 애기했다.

하나님께서 이스라엘과 언약을 세우신 이유는 이스라엘의 구원 때문이다. 그 언약이 일회적인 사건으로 끝나지 않았다. 계속 언약을 갱신하시면서 결국 그 언약을 이루어내셨다.

이 내용을 결혼으로 옮기면 어떻게 될까? 결혼은 그리스도와 교회의 언약 관계를 드러내는 일이다. 김남준 목사가 그의 책 〈서른통〉에서 "그리스도인의 결혼의 최대 수혜자는 결혼 당사자가 아니라 하나님이셔야 합니다"라고 했다. 결혼의 목적은 행복이 아니라 하나님의 영광이다. 하나님을 위해서 행복을 포기하라는 뜻이 아니라 하나님의 영광을 위해서 살아야 진정한 행복을 누릴 수 있다는 뜻이다. 누군가 결혼을 한다면, 그리스도와 교회의 언약 관계를 드러내는 것이 그 목표여야 한다. 누군가 결혼했다면 그리스도와 교회의 언약 관계를 드러내는 것에서 그 의미를 찾아야 한다.

부부 관계는 말 그대로 한 몸이 되는 것이다. "남자가 부모를 떠나 그의 아내와 합하여 둘이 한 몸을 이룰지로다"라는 말씀을 실제로 이루는 것이다. 신랑과 신부는 첫날밤을 보내면서 그것을 확인한다. 이후에는 잠자리를 가질 때마다 그 사실을 재확인한다. 어떤 책에서 주일예배를 언약 갱신의 현장이라고 한 것을 읽은 기억이 있는데, 그 사실에 빗대면 부부 관계가 일종의 언약 갱신이 되는 셈이다. 오르가즘에 도달하는 것이 문제가 아니다. 서로 한 몸임을 확인하는 것이다. 둘이 같이 절정을 맛보면 좋겠지만 그렇지 못할 수 있다. 그러면 오르가즘을 찾아가는 노력으로 구원의 완성을 바라보면 된다.

팀 켈러 목사가 쓴 〈결혼을 말하다〉에서 결혼을 한 몸이라고 정의하는 것은 두 사람이 인격적이고 법률적인 결합을 이룬다는 의미이면서 동시에 성관계가 그것을 이루는 수단이 된다고 했다. 자신을 온전히 상대방에게 줄 수 있도록 하기 위해서 하나님이 손수 열어 두신 가장 강력한 통로라는 것이다. 서로에게 "나는 온전히, 영원히, 그리고 오로지 당신의 것입니다"라고 고백할 수 있도록 하기 위해서 주님이 지정하신 방식이 성관계다. 성관계의 주목적은 즐거움을 얻는 데 있지 않고 주는 데 있다.

권율 목사는 그의 책 〈부부신학〉에서 이렇게 말했다. "모든 부부는 성적인 친밀감을 풍성하게 누려야 한다. 부부 사이에 성적인 소통은 정말 아름다운 것이다. 서로의 몸과 마음을 오감으로 공유하면서 가장 은밀하고 가장 깊은 친밀감으로 서로가 하나임을 자주 느껴야 한다. 성적인 언어와 소통이 없는데도 부부 사이가 행복한 경우는 거의 없다고 보면 된다. 부부가 서로의 성을 나누며 행복해할 때 하나님도 기뻐하신다."

전적으로 동의한다. 아니, 전적인 동의를 넘어 여기에 신학적인 의미를 부여하고 싶다. 호박에 줄 그어 수박이라 우기는 격일 수 있지만, 그리스도가 이렇게 우리와 한 몸이기를 원한다. 우리가 그리스도와 한 몸을 이루기까지 그리스도는 절대 만족하지 않는다. 이런 주장에 다소라도 동의가 된다면 동성애는 설 자리가 없을 것이다. 부부간의 성적 친밀감은 하나님께서 허락하신 구원의 완성과 연결되지만 동성애는 전혀 그렇지 않기 때문이다.

사람은 하나님의 형상으로 지음받았다. 하나님을 나타내야 한다. 바울이 고린도교회에 편지를 보내면서 "각 남자의 머리는 그리스도요 여자의 머리는 남자요 그리스도의 머리는 하나님이시라"(고전 11:3)라고 했다. 성부와 성자의 관계가 남편과 아내의 관계를 보여주는 모범이다. 동성애에서도 이런 관계가 나타날까?

성경은 하나님 보시기에 바른 성관계와 그렇지 않은 성관계를 말할 뿐이다. 하나님 보시기에 합당한 성관계는 부부 사이에 이루어지

 동성애를 말하다

는 성관계로 우리가 얻은 구원의 신비를 보여 주지만 하나님 보시기에 합당하지 않은 성관계는 음란 행위일 뿐이다. 풀은 마르고 꽃은 시드나 우리 하나님의 말씀은 영원히 서리라고 한 것처럼 영원하지 않은 이 세상 것에 마음 둘 이유가 없다. 오직 하나님 보시기에 의미 있는 것만 영원히 남는다. 그리고 우리에게는 영원이 있다.

1) 예수님은 우리와 한 몸이기를 원하십니다. 그 일을 위해서 기꺼이 십자가에 달리셨습니다. 우리는 예수님과 한 몸이기 위해서 무엇을 어떻게 준비하고 있을까요?

2) 혼인 예식이 경건보다 흥미에 치우치는 것이 작금의 현실입니다. 경건한 것은 지루한 것이고 재미있는 것은 의미있는 것으로 생각하는 모양입니다. 이런 세태에서 혼인의 중요성을 강조하기 위해서 우리가 할 수 있는 일은 어떤 일일까요?

3) 우리가 얻은 구원을 칭의, 성화, 영화로 얘기하는 것에 빗대어 성혼 선언을 칭의라고 한다면 결혼 생활은 성화가 될 것입니다. 옛날 이스라엘이 광야를 걸으면 걸을수록 가나안이 가까워졌던 것처럼 결혼 생활을 하면 할수록 부부에게서 그리스도와 교회가 더 잘 나타나야 합니다. 그 일을 위해서 무엇을 어떻게 해야 할까요?

동성애를 말하다

초판 1쇄 발행일 2026년 4월 9일

지은이   강학종

펴낸이   방주석
펴낸곳   베드로서원
주 소   경기도 고양시 일산동구 고봉로 776-92
전 화   031)976-8970
팩 스   031)976-8971
이메일   peterhouse@daum.net
등 록   (제59호)2010년 1월 18일 / 창립일 : 1988년 6월 3일

ISBN   979-11-91921-43-4 03230
책값은 뒷 표지에 있습니다.

베드로서원은 말씀과 성령 안에서 기도로 시작하며
영혼과 삶이 풍요로워지는 책을 만드는 데 힘쓰고 있으며,
문서선교 사역의 현장에서 최선을 다하겠습니다.